Newton Compton Editores

© 2024, Ignacio Labarga Adán
© 2024, Enrique Schiaffino, por las ilustraciones
© 2024, de esta edición por Antonio Vallardi Editore S.u.r.l., Milán

Primera edición: noviembre de 2024
Segunda edición: octubre de 2025

Newton Compton Editores es un sello de Antonio Vallardi Editore S.u.r.l.
Pl. Urquinaona, 11, 3.º 1.ª izq. Barcelona, 08010 (España)
www.newtoncomptoneditores.com

Gruppo editoriale Mauri Spagnol S.p.A.
www.maurispagnol.it

ISBN: 978-84-10359-92-5
Código IBIC: WS
DL: B 14.052-2024

Composición:
Javier Sánchez Meco

Diseño de interiores:
David Pablo

Impreso en octubre de 2025 en Puntoweb s.r.l., Ariccia (Roma), en Italia.

Nacho Labarga

Los campeones que han hecho grande al Real Madrid

Ilustraciones de Enrique Schiaffino

Newton Compton Editores
Barcelona, 2024

Prólogo

En la presente obra que tengo el orgullo de prologar, Nacho Labarga acomete la gesta, tan madridista, de sintetizar lo más relevante de los nombres propios más importantes de la historia del Real Madrid. Supone un enorme esfuerzo resumir de esta forma la historia personal de estas figuras del Real Madrid y sus heroicidades. Habría muchas cosas que contar. Por ello, resulta de un mérito indudable ser capaz de concretar lo más esencial en un espacio reducido, pero que se convierte en muy asequible para el lector.

Confieso que no lo he hablado con Nacho, pero estoy convencido de que esta estrategia está inspirada en esa proclama para la historia que dejó, quizá, el jugador más importante de la historia del club: «Nadie es tan bueno como todos juntos». Si hasta el mismísimo Di Stéfano aseguraba eso, quiénes somos los demás para discutirlo.

Por eso pienso que este no es solo un libro sobre las leyendas del Real Madrid, este básicamente es un libro sobre la historia del Real Madrid contada a través de sus héroes. Con su lectura, uno podrá ir recorriendo pequeños trozos de un relato absolutamente legendario, el del club más importante de todos los que han existido en el planeta fútbol, aquel que reúne a más admiradores.

El Real Madrid es un club que ha sabido generar los contextos para elevar de manera milagrosa el nivel de sus figuras, pero, a la vez y paradójicamente, no habría sido lo que es sin la aparición de sus héroes. Álvaro Arbeloa lo explicó en *La Galerna*: «Ojalá algún día todos sepan que lo más importante es el Real Madrid y que lo que digan de ti da un poco igual. Lo importante es dejarte la vida por este club que nos ha dado tanto. Los futbolistas estamos siempre en deuda con el Madrid. Me hace gracia cuando oigo a exfutbolistas quejarse: "Con todo lo que hemos hecho por el Madrid y ahora tal". Perdona. Es el Madrid el que ha hecho mucho por ti. Por mucho que tú hayas hecho por el club, es siempre superior lo que el club ha hecho por ti. Eso seguro».

Pero este club es un presente continuo. Nacho sabe perfectamente que, pese a su esfuerzo y precisión, pronto este libro quedará desactualizado. Así ha sido el Real Madrid siempre, pero es que en el presente es fácil asegurar que ya se está forjando la historia de unas nuevas leyendas: aquellas que conducirán al Real Madrid a los siguientes triunfos gracias a su indudable talento, pero también a su madridismo.

El Real Madrid, gracias a la gestión de su presidente Florentino Pérez, disfruta de una generación de jóvenes que han podido saborear la miel del triunfo mucho antes de lo esperado. Pararse a pensar que los Rodrygo o Camavinga ya tienen dos Champions es comprender que en unos años merecerán su capítulo particular en un libro como este. Estos jugadores han sabido absorber lo mejor de jugadores como Modrić o Kroos y garantizarán que en el futuro esa cultura ganadora se traspase a los que les sucedan. Y en esta coyuntura ha llegado un Mbappé que terminó por rendirse ante la gloria, pero con la indisimulable asunción de que el Real Madrid y sus intereses están muy por encima. La jerarquía entre ambos siempre estuvo muy clara, pero posiblemente los últimos años han hecho esta certeza todavía más abrumadora y ello ayude a su integración dentro de un grupo ya ganador.

Vienen años muy felices para los madridistas, con nuevos éxitos que llenarán de alegría muchos hogares de todo el mundo. Que este libro tan bien escrito por su autor permita conocer, especialmente a las nuevas generaciones, a quienes propiciaron la gloria que acompaña a este club universal.

Ramón Álvarez de Mon

FUTBOLISTAS

Ángel Di María

Nacido en el seno de una humilde familia de Rosario, en la provincia argentina de Santa Fe, «el Fideo» Di María protagonizó desde pequeño una de esas historias de resiliencia y superación que hay detrás de algunos futbolistas que han llegado a lo más alto. Su padre tuvo que buscarse la vida como mejor supo para alimentar a su familia y trabajaba embolsando carbón. Lo hacía bajo un techo de chapa en el patio de la casa, donde las paredes eran negras. En cuanto a su madre, todos los días llevaba al pequeño Ángel a los entrenamientos de fútbol en bicicleta, independientemente de que lloviera o aunque tuviesen que atravesar los barrios más complicados de la ciudad. El extremo argentino tampoco fue uno de esos jugadores que avanzó al estrellato de forma imparable, ni mucho menos. Durante su estancia en las categorías inferiores de Rosario Central, en varias ocasiones se puso en duda su aptitud para el fútbol profesional debido a su físico tan liviano y falta de agresividad. El propio futbolista ha reconocido que, un año antes de su debut en la primera división de Argentina, su padre le había dado un ultimátum: si seguía sin tener suerte en el fútbol, tendría que ponerse a trabajar con él.

La ansiada oportunidad llegó y el resto se puede considerar historia. De Rosario Central dio el salto a Europa de la mano del Benfica, y se colocó en el escaparate gracias a sus sobresalientes actuaciones en la Argentina campeona del Mundial sub-20 de 2007. Tras su consagración en el conjunto portugués, apareció la gran ocasión de su carrera en el verano de 2010. José Mourinho, recién llegado al banquillo del Real Madrid, tenía como prioridad el fichaje de un extremo izquierdo con desborde y capacidad para desarrollar el fútbol vertical que siempre caracterizó a sus equipos. El argentino reunía todas las condiciones para ocupar ese perfil y la entidad de Chamartín cerró su incorporación por veinticinco millones de euros. Y no se equivocó el entrenador luso en su apuesta, a juzgar por el rendimiento del «11» en su primera temporada, en la que disputó cincuenta y tres partidos, firmó nueve goles y dio veintiséis asistencias. Aquello del periodo de adaptación no pareció existir para Di María, quien además ese mismo curso se proclamó campeón de la Copa del Rey con una gran actuación en la final ante el Barça. Cabe recordar que suya fue la asistencia en el solitario gol de Cristiano Ronaldo que decantó el título durante la prórroga.

En apenas una campaña, el de Rosario ya había encandilado a la hinchada madridista con su velocidad, capacidad de desborde y preciso último pase, unas cualidades que le habían convertido en uno de los puntales ofensivos de aquel equipo de Mourinho, que era letal atacando los espacios, y que durante el ejercicio siguiente fue una máquina perfectamente engrasada que logró desbancar al Barça de Guardiola en la pelea por la liga. Bien es cierto que, en esta segunda campaña, el extremo no consiguió tener tanta continuidad a causa de varios problemas musculares, si bien en la siguiente volvió a recuperar la regularidad jugando cincuenta y dos encuentros en los que marcó nueve goles y dio dieciséis asistencias.

Sin embargo, tras finalizar la etapa del portugués y con la llegada de Carlo Ancelotti al banquillo merengue, se produjo un punto de inflexión para Di María, quien vio su titularidad amenazada por el estelar fichaje de Gareth Bale. Es en este punto de su carrera donde «el Fideo» volvió a demostrar su capacidad de adaptarse a las circunstancias y sobreponerse a las adversidades, esa que de algún modo ya forjó desde su más tierna infancia. Tras algún que otro desencuentro con directiva y aficionados, la diplomacia de Ancelotti fue fundamental para reconducir al «11», y este respondió consiguiendo hacerse un hueco en el 4-3-3 del italiano, donde ocupó la sorprendente posición de interior. Lo hizo en una medular en la que jugó habitualmente escoltado por Xabi Alonso y Luka Modrić. En uno de esos giros imprevisibles que a veces tiene el fútbol, el antes extremo logró reinventarse como centrocampista *box to box*, tal y como lo suelen llamar en el Reino Unido.

Pero lo mejor para el argentino aún estaba por llegar en el tramo decisivo de esa temporada 2013-2014. En primer lugar, volvió a ser decisivo en otra final de Copa del Rey contra el Barça anotando el primer tanto de los suyos. Pero lo de después sí que fueron palabras mayores, con la actuación que le consagró para siempre en la historia del Real Madrid. El momento clave ocurrió durante la prórroga de la final de Lisboa, con uno a uno en el marcador, cuando recibió la pelota partiendo desde el costado izquierdo, realizó un increíble eslalon para zafarse de tres defensores del Atlético y se plantó mano a mano ante Courtois. El portero belga detuvo su disparo, pero no pudo hacer nada en el rechace que cazó Bale para enviar la pelota al fondo de la portería. Aunque la autoría del tanto corresponde al galés, no hubo duda de que medio gol como mínimo había que dárselo a Di María, quien fue nombrado mejor jugador del partido por la UEFA. El «11» finalizó su cuarto curso en el Santiago Bernabéu, nuevamente, con unos formidables números que se tradujeron en cincuenta y dos partidos, once tantos y veintiséis asistencias.

Paradójicamente, tras la histórica actuación en Lisboa que supuso su cenit como madridista, comenzó a gestarse su salida ese mismo verano. Las pretensiones económicas del futbolista para que le renovaran su contrato y el fichaje de James Rodríguez estuvieron detrás de estas desavenencias con la directiva que acabaron desencadenando su traspaso al Manchester United por setenta y cinco millones de euros. A pesar de todo, Di María ya se había ganado el amor de los aficionados del Real Madrid para siempre y sería recordado como uno de los grandes héroes de la Décima, algo que además quedó patente durante su última aparición de blanco en el Santiago Bernabéu, en la final de la Supercopa de España ante el Atlético, en la que recibió una cerrada ovación de la grada cuando su nombre sonó por la megafonía. Pese al cariño mutuo, no hubo posibilidad de acuerdo. El rosarino puso fin a una etapa que duró cuatro temporadas y en la que, en líneas generales, mantuvo siempre un más que notable rendimiento, disputando ciento noventa partidos oficiales y firmando treinta y seis goles y ochenta y cinco asistencias. Más allá de lo sucedido en momentos muy puntuales, y lejos de que se le pueda reprochar algo, los madridistas solo tienen buenas palabras de agradecimiento para un jugador con «ángel» en los momentos decisivos.

Alfredo Di Stéfano

«La Saeta Rubia», como se conoce a Alfredo Di Stéfano, está probablemente en el top tres de futbolistas más importantes de la historia del Real Madrid y del fútbol en general. Hay muchos que le consideran como el mejor futbolista de todos los tiempos. Su impacto y legado resultan innegociables y a la vez impagables. Su aterrizaje en 1953 en el club blanco supuso un punto de inflexión claro en la historia del conjunto madridista.

Di Stéfano arrancó su carrera en Argentina, compitiendo con el River Plate. Pero fue tras su paso por el colombiano Millonarios de Bogotá cuando despertó el interés de grandes clubes como el Real Madrid y el FC Barcelona. Su llegada a Chamartín causó revuelo porque ocasionó otra gran batalla entre los dos clubes más grandes de España por hacerse con sus servicios.

Costó su firma, pero lo que vino después ya es historia: ocho ligas, una Copa, cinco Copas de Europa, una Copa Intercontinental, dos Copas Latinas… Su palmarés resulta de película y permitió al club blanco consolidarse como uno de los «cocos» de Europa. El atacante, aunque se desenvolvía en varias parcelas del campo porque también jugó de mediocentro o incluso en posiciones más retrasadas, destacaba principalmente por su alta capacidad para ver con nitidez el juego.

Su fuerte personalidad, que le hacía ejercer como un líder claro dentro del vestuario, influyó sobremanera tanto dentro como fuera del terreno de juego. Inculcó al equipo una clara mentalidad ganadora en todo tipo de partidos, pero su alto rendimiento en las citas claves le otorgó esa aureola de jugador realmente determinante dentro del Real Madrid.

Por ejemplo, Alfredo hizo un sonado *hat-trick* en la victoria por siete a tres ante el Eintratch de Frankfurt en la final de la

Copa de Europa de 1960. Aquellas imágenes forman parte de la memoria colectiva de los aficionados blancos y suponen una de sus mejores actuaciones. Di Stéfano logró, además, ser partícipe de las cinco Copas de Europa que conquistó el equipo merengue de forma consecutiva. En ese afán por convertir al club en el más grande del mundo, Di Stéfano protagonizó otra actuación clave ante el uruguayo Peñarol en la Copa Intercontinental de 1960. Sus números hablan por sí solos: trescientos noventa y seis partidos oficiales con el Real Madrid haciendo trescientos ocho goles, lo que le permitió ser internacional con España en treinta y una ocasiones.

Era el futbolista total: atacaba, defendía, regateaba, marcaba, robaba balones… Todo pasaba por sus piernas. Un líder en todos los terrenos con el que el Real Madrid disfrutó de su época más gloriosa. Todos estos logros y títulos con sus clubes le permitieron también ganar dos Balones de Oro (1957 y 1959) y convertirse en el único en haber conseguido un Súper Balón de Oro (1989), un trofeo especial que se puede disfrutar en las vitrinas del actual Santiago Bernabéu. Ganó, además, en cinco ocasiones, el Trofeo Pichichi.

Uno de los episodios más curiosos de su carrera es cuando, en agosto de 1963, fue víctima de un secuestro. Ocurrió precisamente durante su etapa en el club blanco. Fue retenido en Caracas durante setenta y dos horas por una organización guerrillera del país. Fue una operación extraña, puesto que los secuestradores nunca pidieron rescate por él y lo acabaron soltando tras ese espacio de tiempo. Buscaban realmente tener el foco mundial para dar a conocer la causa de su lucha y que el mundo supiera lo que estaba ocurriendo en Venezuela.

También se conoce a Di Stéfano por, de alguna manera, apadrinar a la famosa Quinta del Buitre. Como míster, Alfredo fue uno de esos jugadores que después acabarían sentados en el banquillo del club. Se caracterizó por dar oportunidades a los jóvenes, lo que, a la postre, provocó que uno de los estadios del equipo, el recinto donde juega el filial, lleve su nombre desde 2006.

Arrancó como preparador en Boca Juniors, donde ya consiguió trofeos de prestigio antes de dar el salto a España vía Valencia. Estuvo en el Sporting de Portugal, el Rayo y el Castellón. En 1982 recaló en Chamartín y, en dos cursos, cambió la cara del equipo cogiendo el relevo de Toshack. Ganó una Supercopa ante el Barça. En su última época, antes de fallecer el 7 de julio de 2014, Di Stéfano ejerció como inmejorable presidente de honor del Real Madrid. Es una auténtica leyenda blanca.

Amancio Amaro

En 1939, durante la España de la posguerra, nació en el seno de una familia trabajadora de La Coruña quien estaba llamado a convertirse en una de las grandes leyendas del Real Madrid. Desde la banda derecha de la que fue indiscutible dueño, Amancio Amaro Varela marcó una época y fue recordado como uno de los mejores futbolistas de la década de los sesenta y parte de los setenta. Su capacidad para hacer virguerías con la pelota, zafarse de los rivales con suma facilidad y amenazar la portería contraria le valieron el apodo de «el Brujo». Ya desde sus comienzos en el Deportivo de La Coruña este jugador eléctrico y encarador comenzó a llamar poderosamente la atención del entonces presidente Santiago Bernabéu, quien quedó prendado de su magia sobre el terreno de juego. Tanto fue así que no tuvo dudas a la hora de apostarlo todo por él como una de las figuras que debía tomar el relevo de la legendaria generación encabezada por Alfredo di Stéfano. Las cifras que el extremo venía firmando en el conjunto gallego no pasaron para nada desapercibidas: fue el gran artífice del ascenso a primera división, firmando veinticinco goles en veintiséis partidos. Pero, si los números ya de por sí llamaban la atención, lo hacían todavía más las sensaciones que transmitía en el césped, donde transformaba su timidez en absoluto descaro siendo un auténtico martillo pilón por su costado.

A pesar del interés de clubes como el Barcelona, el Sevilla y el Oviedo por hacerse con su fichaje, la insistencia de Bernabéu fue determinante para lograr llevarse al codiciado extremo, no sin protagonizar una operación de lo más arriesgada en lo económico. Nada menos que diez millones de pesetas fue la cantidad acordada por el traspaso, a lo que se sumó la inclusión de varios jugadores en la operación para alcanzar los doce millones

que pedía el Deportivo, un dato que no es baladí teniendo en cuenta que en aquel momento la entidad madridista atravesaba una situación financiera delicada, hasta el punto de tener que endeudarse para acometer esta incorporación. Sin embargo, el tiempo terminó dando la razón a Santiago Bernabéu, pues Amancio se convirtió en uno de los abanderados del conocido como «Madrid de los yeyé». Y eso que el reto que tuvo por delante, el de hacer olvidar a una generación mítica que venía de conquistar cinco Copas de Europa, no fue nada sencillo. Con aquellas figuras, como el citado Di Stéfano, Puskas y Gento, compartió vestuario durante sus primeros años. Líderes que le imponían con su mera presencia, tal y como el propio Amancio llegó a reconocer después, pero de los que también aprendió lecciones fundamentales para convertirse en un futbolista ganador y, posteriormente, en referente de su propia generación.

Todo ello pese a experimentar un debut con sabor agridulce en la Copa de Europa, donde no pudo evitar la eliminación de los suyos a manos del Anderlecht tras empatar tres a tres en el Bernabéu. No obstante, el jugador gallego pronto se sacó la espina en su estreno liguero ante el Betis, ya que suyo fue el tanto que comenzó a decantar el marcador a favor de los blancos en un choque que se terminaron llevando por dos a cinco. Tan solo fue el primero de los ciento cincuenta y cinco goles que acabó firmando en cuatrocientos setenta y un partidos con la camiseta del Real Madrid. Su palmarés tampoco engaña en este sentido, pues llegó a levantar una Copa de Europa, nueve ligas y tres Copas de España. Especial mención merece su papel en la conquista de la que fue la sexta Copa de Europa para el club blanco, en 1966, al firmar cinco dianas en aquella edición de la competición, algunas de ellas muy determinantes. Fue el caso de la que transformó en la vuelta de semifinales ante el Inter en un escenario tan complicado como el Giuseppe Meazza y, sobre todo, su golazo en la final ante el Partizán, que supuso de forma momentánea el empate en el marcador. Probablemente fue el tanto más importante de su trayectoria, además de una clara muestra de su fútbol, pues en esa acción hizo gala de un habilidoso regate para zafarse de su marcador y finalizar la jugada con una sutil definición. Fernando Serena se encargó de culminar la remontada para que el conjunto entrenado por Miguel Muñoz se hiciera con el ansiado título en Bruselas.

Este fue sin duda el momento culminante en la carrera de Amancio, quien también recibió importantes distinciones individuales, como el Balón de Bronce que se le otorgó en 1964. Ese mismo año había alcanzado la gloria con España al formar parte del equipo que se proclamó campeón de la Eurocopa tras vencer en la final a la Unión Soviética. Lo hizo además en su hogar, el Santiago Bernabéu, el mismo estadio que le vio brillar durante sus catorce temporadas como madridista. Pero no todo fueron alegrías en la trayectoria del «7», quien habitualmente sufría durísimos marcajes, entre los cuales se recuerda sobre todo la brutal entrada del defensor paraguayo del Granada Pedro Fernández, que le partió el cuádriceps y lo alejó de los terrenos de juego durante cuatro meses. Era la penitencia que debía sufrir un jugador tan desequilibrante en aquellos tiempos en los que el juego brusco no estaba tan penalizado como en la actualidad.

Tras vestir la camiseta del Real Madrid hasta colgar las botas en 1974, lo cierto es que la valiosa contribución del coruñés a la historia del club de su vida no terminó ni mucho menos aquí, ya que, si hay algo por lo que se le recuerda, además de su gloriosa etapa como futbolista, es por ser también el hombre que desde el banquillo abrió camino a la formidable generación conocida como «la Quinta del Buitre». Amancio fue el entrenador que dirigió a aquel recordado Castilla que en 1984 logró todo un hito en la historia del fútbol español: el de ser el único filial que ha logrado ganar el campeonato de segunda división, un éxito que a la temporada siguiente le valió la oportunidad de dirigir al primer equipo, si bien en este caso no llegó a completar el curso, renunciando al cargo en abril de 1985. Tras este paso por los banquillos, Amancio continuó vinculado al Real Madrid ejerciendo toda clase de tareas y desempeñando distintos cargos de responsabilidad, una extensa hoja de servicios que le valió ser nombrado presidente de honor el 2 de octubre de 2022, puesto que ocupó hasta su fallecimiento, el 21 de febrero de 2023. Desde ese día brilla una estrella más en el firmamento madridista, la de un brujo del balón cuyo hechizo perdurará hasta la eternidad.

Carlos Alonso,
«Santillana»

Carlos Alonso González, más conocido como «Santillana», fue uno de los mejores delanteros del fútbol español y de la historia del Real Madrid. Célebre por sus excelsos remates de cabeza y su facilidad para elevarse hasta cotas insospechadas para un jugador de su estatura, alrededor de uno coma setenta y cinco metros, el nueve cántabro dejó innumerables momentos de felicidad en la afición gracias a sus goles y marcó una época en la delantera blanca.

Santillana, que debía su sobrenombre a su localidad natal, Santillana del Mar, llegó al Santiago Bernabéu desde el Racing de Santander, donde se convirtió en el máximo goleador de segunda división con apenas dieciocho años, lo que sirvió para que el club madrileño apostase por su fichaje. En su primera temporada en la capital ya fue capaz de anotar diez tantos en liga, con lo que demostró que su olfato goleador no había sido flor de un día y se llevó el primer título de liga de su carrera. Pese a su juventud, en ningún momento notó la presión de vestir la camiseta del Real Madrid y rindió a un nivel altísimo desde el primer encuentro.

Sin embargo, su vida deportiva estuvo a punto de cambiar tras un percance sufrido en 1973, cuando un golpe que recibió en un partido ante el Espanyol supuso un antes y un después para el cántabro. Tras las consiguientes pruebas médicas en la zona afectada, los especialistas descubrieron que Santillana solo tenía un riñón, lo cual marcó un punto de inflexión en su carrera. Después de haber pasado una época muy complicada a nivel emocional debido al varapalo sufrido y de recibir la aprobación de los sanitarios para volver a jugar al fútbol, el delantero madridista regresó con fuerza y consiguió sobreponerse al contratiempo. El resto es historia.

Santillana pasó diecisiete años ligado al Real Madrid y logró un sinfín de títulos y postales para el recuerdo. Su plasticidad a la hora de elevarse para rematar de cabeza, propia de una gran estrella del baloncesto, dejaba boquiabierto al público en cada partido. Ni siquiera él sabía explicar por qué alcanzaba tanta altura, aunque lo achacaba a dos aspectos: su condición innata y un gran *timing* de salto, midiendo a la perfección el momento para realizar el movimiento y suspenderse en el aire imponiéndose a los adversarios. El «9» madridista dejó un impresionante catálogo de goles, a cada cual más bello, e instantáneas para el recuerdo en las que se aprecian los «vuelos» que protagonizaba para esos testarazos que fueron todo un clásico en el Real Madrid en la década de los años setenta y ochenta.

La dupla que formaba junto a Juanito, uno de sus principales asistentes, con esos servicios al área que Santillana se encargaba de dirigir a la portería rival, fue toda una institución para un club que vivió una época muy exitosa en el ámbito nacional. Su potencia a la hora de impulsarse no tenía parangón y se ganó por derecho propio la consideración de ser uno de los mejores rematadores de cabeza de la historia del fútbol.

El delantero de Santillana del Mar dejó unos registros impresionantes, con doscientos noventa goles marcados en seiscientos cuarenta y cinco partidos disputados con la zamarra blanca, unas cifras que, en el año de su retirada, solo estaban por detrás de las de una de las mayores leyendas del Real Madrid: Alfredo Di Stéfano. Además de sus impresionantes cifras anotadoras, su palmarés alberga dieciséis títulos, con nueve ligas, dos Copas de la UEFA, cuatro Copas de España y una Copa de la Liga. Con la selección española también vivió grandes momentos, participando en dos Mundiales y proclamándose subcampeón de Europa en 1984, aunque su mejor recuerdo data de aquel inolvidable partido ante Malta en el que el cántabro marcó cuatro goles y fue decisivo para firmar aquel doce a uno que es historia de España.

Tras la llegada de Hugo Sánchez, Santillana fue perdiendo protagonismo paulatinamente en el ataque blanco y puso fin a su carrera, en 1988, de la manera soñada por cualquier futbolista. El cántabro tuvo una despedida a la altura en un estadio Santiago Bernabéu a rebosar, en el partido en que el Real Madrid celebraba su vigesimotercer título de liga ante el Real Valladolid. El delantero, fiel a su cita hasta el último día, selló su adiós al club de sus amores con un gran gol de cabeza, como no podía ser de otra manera. Fue su último vuelo, del que salió despedido a hombros por sus compañeros.

Claude Makélélé

Fue el ingrediente secreto detrás de los éxitos del Real Madrid de los galácticos a comienzos de los 2000. La pieza menos ruidosa y, probablemente, la más imprescindible. Lo que sucedió en el conjunto blanco a raíz de su salida es la prueba irrefutable de ello. Claude Makélélé fue uno de esos jugadores que siempre cumplía sobre el césped, pero que sobre todo se hacía notar cuando no estaba presente, momento en el que muchos le echaban de menos y se daban cuenta de su verdadera importancia. Lo suyo siempre fue brillar en la oscuridad y ser el sostén de un equipo en el que sobraba talento y pegada, pero cuyo equilibrio era mucho más frágil de lo que podía creerse en un principio. Solo alguien como él estaba capacitado para semejante labor gracias a su capacidad de recorrido e inteligencia táctica, las cuales le convirtieron en uno de los mejores pivotes defensivos del mundo.

Siempre humilde y de perfil bajo, al futbolista francés nunca le regalaron nada y tuvo que trabajar a destajo para llegar a lo más alto. Nacido en Kinshasa (República Democrática del Congo), donde se crio junto a su abuela y su madre, gran parte de su infancia transcurrió también en los suburbios de París. Fue allí donde se reencontró con su padre, André-Joseph Makélélé, quien también fue futbolista profesional y había llegado a jugar en la segunda división de Bélgica, país al que tuvo que exiliarse cuando su hijo prácticamente acababa de nacer. Inspirado por la figura paterna, comenzó el idilio de Claude con el balón: debutó con el Nantes en 1991, cuando tenía dieciocho años. En el conjunto del Loira fue ganando peso con el paso de las temporadas hasta ser una pieza esencial en la consecución del título liguero en 1995.

Este ascendente rendimiento le valió su fichaje por el Marsella, donde militó una temporada, y de ahí se produjo su salto al fútbol español tras ser incorporado al Celta de Vigo en 1998. Sus grandes actuaciones con el cuadro albiceleste no pasaron desapercibidas ni en liga ni en Europa, ya que durante esas dos campañas llegó a disputar los cuartos de final de la UEFA brillando frente a rivales de prestigio como el Liverpool y la Juventus, algo que terminó llamando la atención del Real Madrid, que en el verano del 2000 buscaba un sustituto para Fernando Redondo en la medular. La llegada del mediocentro galo no fue sencilla ni tampoco estuvo exenta de polémica, ya que el club gallego contaba con unas elevadas pretensiones económicas para dejarle marchar. Ante esta situación, el jugador llegó a declararse en rebeldía. Finalmente, la venta de Redondo al Milan facilitó la operación y Makélélé fue presentado junto a Flávio Conceição el 3 de agosto.

La confianza que el entonces técnico Vicente del Bosque depositó en él fue inmediata y su debut se produjo a las pocas semanas de su llegada, en la final de la Supercopa de Europa disputada ante el Galatasaray, un estreno que se saldó con cierto sabor amargo, ya que los blancos cayeron en la prórroga, mientras que el «24» disputó el partido al completo. En cualquier caso, el francés pronto se ganó al Santiago Bernabéu y se afianzó como titularísimo en el esquema de un equipo que se acabó proclamando campeón de liga. La llegada de Zinedine Zidane al siguiente curso incrementó la exigencia para el ex del Celta, quien tuvo que abarcar todavía más metros y responsabilidades para sujetar al equipo y pasó del doble pivote al rombo en la medular. Y es que cabe recordar que durante el anterior ejercicio solía contar con la ayuda de Iván Helguera en labores de contención. A pesar de todo, el mediocentro respondió y se consolidó como el verdadero pulmón del Real Madrid en la campaña que se saldó con la conquista de la Novena.

Makélélé no solo era una máquina de recuperar balones que solía encabezar las estadísticas en este apartado, sino que también protegía la pelota como nadie y tenía un manejo más que aceptable para un jugador de su posición. Bien es cierto que apenas anotó dos goles durante su etapa como madridista, pero era el mejor haciendo su trabajo para que otros brillasen en ataque y casi nunca cometía errores. No por casualidad, los mejores años del equipo de los galácticos coincidieron con los que él formó parte de la plantilla. En su tercer y último año como merengue acabó levantando otro título de liga siendo de nuevo fijo en el once y completando los noventa minutos en la mayoría de las ocasiones.

Lo que pasó después dice todavía más de hasta qué punto era una pieza vital. En el verano de 2003 el francés solicitó una mejora de contrato que el club le negó. El jugador era uno de los peor pagados del plantel a pesar de su condición de titular indiscutible, mientras que el propio Florentino Pérez reconoció públicamente que este quería cobrar la mitad de lo que ganaba Zidane, lo cual consideró inviable. Debido a esta situación, el francés se ausentó de los entrenamientos en agosto alegando «cansancio psicológico» y, finalmente, acabó siendo traspasado al Chelsea por veinte millones de euros. En Londres no solo vio cumplidas sus pretensiones salariales, sino que además se convirtió en la figura clave de un conjunto que dominó la Premier League con mano de hierro.

Por su parte, tras el adiós del mediocentro, en la directiva del Real Madrid se mostraron convencidos de que no le echarían de menos al considerar que la plantilla había mejorado con la llegada de David Beckham. Sin embargo, la realidad no pudo ser más demoledora en este sentido, ya que lo que vino a continuación fue un periodo de sequía de títulos que se alargó durante tres temporadas, y con un equipo que se descompuso sin el pegamento que era el francés. Son muchos quienes creen, viéndolo con perspectiva, que la salida de Makélélé marcó el principio de todos los males que vinieron durante aquella etapa. Fue un error estratégico que también hay que poner en contexto, pues bien es cierto que en aquel momento, cuando todavía se daba más importancia al talento que al físico, los jugadores de su perfil no estaban tan valorados como en la actualidad. Aunque al galo se le consideró como un jugador reemplazable, a la hora de la verdad nadie fue capaz de cubrir el enorme vacío que dejó en la medular. Todo ello a pesar de los reiterados intentos del club en los años posteriores por fichar a otro futbolista del mismo perfil. Destacar su importancia en aquel equipo galáctico, donde sus propios compañeros reconocieron extrañarlo, es hacer justicia a lo que significó para el Real Madrid. En definitiva, fue un mediocentro de época que merece ser recordado como tal.

Cristiano Ronaldo

La carrera de Cristiano Ronaldo figurará en la historia del fútbol como una de las mejores a nivel mundial. Tras su explosión en el Manchester, donde logró tres campeonatos de la Premier League consecutivos, una Champions League y un Balón de Oro, el astro portugués decidió emprender un nuevo reto en el Real Madrid para consagrarse como uno de los mejores jugadores del mundo y marcar una época en la capital española. Así, Ronaldo recaló en el conjunto blanco dispuesto a demostrar por qué se había convertido en el fichaje más caro de la historia y devolver la confianza depositada por el club con una inversión tan importante. Y vaya si lo hizo…

Su icónica presentación en el Santiago Bernabéu en el verano de 2009, ante ochenta y cinco mil espectadores que llenaron de ilusión el coliseo blanco, fue la antesala de una trayectoria difícilmente superable. Acompañado por otra leyenda de la institución como Alfredo Di Stéfano, su aterrizaje reunía todos los ingredientes necesarios para comenzar a escribir un legado sin parangón. Suyos son varios hitos que perdurarán en los libros de historia como récords sin precedentes en la dilatada trayectoria de un club del nivel del Real Madrid, con todo lo que eso conlleva. Hasta su llegada a la Casa Blanca, parecía inimaginable que un futbolista firmara unos registros goleadores superiores a un tanto por partido, pero para el portugués no existían los imposibles.

Durante sus nueve temporadas como madridista, Cristiano anotó cuatrocientos cincuenta y un goles en cuatrocientos treinta y ocho partidos oficiales, marcando en todas las competiciones que disputó con la casaca blanca y convirtiéndose en el máximo goleador de la historia del Real Madrid. Además, el luso se erigió en el máximo realizador de la historia de la Champions League,

competición en la que firmó ciento cinco tantos con el conjunto de Concha Espina, en la que fue pichichi en seis ocasiones y en la que también ostenta la mejor marca de goles anotados en una misma edición (diecisiete dianas).

En su trayectoria como jugador del Real Madrid, el portugués dejó actuaciones memorables para sus aficionados y noches imborrables que, con el paso del tiempo, van adquiriendo la condición legendaria que merecen. Uno de sus primeros tantos más especiales tuvo lugar en la final de la Copa del Rey 2010-2011, donde, en plena prórroga, Cristiano se elevó por encima de todos los defensores para sellar un cabezazo que a la postre otorgó el título a los blancos frente al Fútbol Club Barcelona. La siguiente temporada acabó con la consecución del trofeo liguero con otra inolvidable victoria, esta vez en el propio Camp Nou, cuando el de Madeira marcó el uno a dos y realizó su ya mítico gesto pidiendo calma a la grada blaugrana.

Pero la mística de Cristiano alcanzaba su punto álgido cuando sonaba la melodía de la Champions League. El luso dejó una colección de actuaciones individuales prodigiosas en la competición de clubes más importante a nivel europeo, como el *hat-trick* que firmó ante el Wolfsburgo en la temporada 2015-2016 para remontar el dos a cero que los alemanes consiguieron en la ida o el triplete que consiguió en las semifinales de la siguiente campaña para derrotar por tres a cero al Atlético de Madrid en los primeros noventa minutos de eliminatoria. En esa misma edición, Ronaldo tuvo un papel protagonista en la gran final, como no podía ser de otra manera, sellando un doblete en el cuatro a uno que el Real Madrid le endosó a la Juventus en Cardiff.

Dos años después, en el estadio del equipo italiano, el portugués metió uno de los mejores goles de la historia de la competición y se ganó los aplausos de la afición rival al convertir una chilena que allanó el camino a una nueva final continental para el club, donde Cristiano logró su último trofeo con la camiseta blanca antes de marcharse, precisamente, a la propia Juventus de Turín para proseguir con una carrera repleta de éxitos.

Su palmarés completo con el Real Madrid es de auténtica excepción: cuatro Champions League, tres Mundiales de Clubes, tres Supercopas de Europa, dos ligas, dos Copas del Rey y dos Supercopas de España. Además, a título individual logró cuatro Balones de Oro, tres Botas de Oro, dos premios The Best, tres Premios al Mejor Jugador de la UEFA y tres Trofeos Pichichi.

David Beckham

Nunca antes un fichaje había detenido el mundo como lo hizo el de David Beckham por el Real Madrid en aquel verano de 2003. Tan solo había que ver la multitudinaria presentación que tuvo lugar el 2 de julio, la cual reunió a más de quinientos periodistas acreditados de todo el mundo para comprobar que en la capital española había aterrizado mucho más que un jugador. Considerado por los expertos como el traspaso que cambió el *marketing* futbolístico, la llegada del inglés suponía el broche de oro para aquel equipo de los galácticos, al que en veranos anteriores ya se habían incorporado figuras como Figo, Zidane y Ronaldo. A pesar de que estas llegadas también habían generado un enorme ruido mediático, lo del exjugador del Manchester United alcanzó otra dimensión. El club blanco se había hecho con los servicios de uno de los deportistas más icónicos del planeta, lo que le convertía en todo un reclamo para las grandes marcas y a quien rodeaba una atmósfera más propia de una estrella de Hollywood. No por casualidad, en consonancia con esa imagen tan estelar, se le asignó el dorsal 23, tan vinculado a la figura de Michael Jordan en todo el planeta.

De esta forma, se ponía fin a otro de esos culebrones veraniegos que suelen caracterizar a este tipo de fichajes. Entre estos episodios cabe recordar, por ejemplo, el famoso «*never, never, never*» (nunca, nunca, nunca) de Florentino Pérez, con el que meses atrás pareció negar cualquier posibilidad de que el inglés recalase en el Santiago Bernabéu. Hay que reconocer que la respuesta del propio Beckham no pudo ser más ingeniosa en este sentido: después de cruzarse con los blancos en Champions dijo «*never say never*» (nunca digas nunca).

Lo cierto es que los últimos meses del centrocampista en el Old

Trafford tampoco estuvieron exentos de polémica, especialmente a raíz de un encontronazo con su técnico, sir Alex Ferguson. Los hechos ocurrieron en febrero de 2003, cuando, tras una eliminación copera ante el Arsenal, el entrenador escocés montó en cólera y pateó una bota que impactó en el rostro del jugador (dicen que de forma accidental) y le causó una brecha.

Los tintes surrealistas del culebrón no terminaron aquí, ya que la estrella del United también fue relacionada con el Barça, después de que el entonces candidato Joan Laporta prometiese su fichaje si ganaba las elecciones. Evidentemente, todo resultó ser falso. En ese momento Florentino Pérez ya había cerrado un acuerdo con el club mancuniano por la cantidad de treinta y seis millones de euros, cifra, por cierto, muy inferior a los cuatrocientos cuarenta millones que el Real Madrid acabó ingresando gracias al inglés en concepto de *marketing*. Más allá del rendimiento deportivo, salta a la vista que en lo económico fue una jugada maestra.

En cuanto al desempeño de Beckham ya como jugador del conjunto blanco, lo cierto es que este cayó de pie durante su debut en el Santiago Bernabéu el 24 de agosto de 2003. Fue en el partido de vuelta de la Supercopa de España disputado ante el Mallorca, en el que el «23» acabó conquistando su primer título como madridista y colaboró con un gol de cabeza en la victoria por tres a cero de los suyos. Si algo quedó pronto claro es que el Real Madrid había fichado a un futbolista determinante, con un exquisito golpeo de balón que le convertía en uno de los jugadores más letales del mundo a balón parado. No en vano, sus lanzamientos de falta se convirtieron en su jugada marca de la casa, a pesar de compartir vestuario con otros especialistas en esta faceta, como Figo o Roberto Carlos. No obstante, el primer curso del británico en España terminó con sabor amargo, ya que el equipo dirigido por Carlos Queiroz se desplomó en la recta final y terminó la temporada en blanco. Todo ello a pesar de que el rendimiento del centrocampista fue más que aceptable, firmando siete goles y quince asistencias en cuarenta y seis partidos disputados entre todas las competiciones.

Las cosas no fueron mucho mejor para Beckham durante las dos siguientes campañas, claramente perjudicado por la inestable situación que atravesaba el equipo, con numerosos cambios de entrenador y un Florentino Pérez que terminó dimitiendo ante el ocaso de su proyecto galáctico. Con la llegada de Ramón Calderón a la presidencia y el comienzo de una nueva etapa institucional en el club, se abría un horizonte incierto para el inglés, quien además pareció perder protagonismo bajo la dirección de Fabio Capello.

La situación se tornó todavía más delicada cuando en enero de 2007 trascendió que el «23» había firmado un precontrato con Los Angeles Galaxy y, por lo tanto, abandonaría el Real Madrid al finalizar la temporada. El entrenador italiano tomó represalias y le relegó al palco, al considerar que su jugador no estaba lo suficientemente comprometido. Fue una decisión que terminó enmendando apenas un mes después, cuando las circunstancias forzaron el regreso de Beckham a los planes del equipo y, paradójicamente, este respondió salvando la cabeza de su entrenador con un gol de falta en Anoeta. Sin duda, este momento fue el punto de inflexión para el centrocampista, quien acabó siendo una pieza importante del equipo, que esa misma temporada conquistó la liga de manera épica. De esta forma, el inglés conseguía el título que tanto se le había resistido como madridista y ponía punto y final a su etapa en el Bernabéu con un buen sabor de boca.

Fue un desenlace que hace justicia a la figura de Beckham, quien, lejos de esa imagen un tanto frívola que en muchas ocasiones le han querido atribuir, lo cierto es que siempre destacó por su carácter humilde y discreto dentro del vestuario. Y es que, más allá de su condición de deportista mediático, cabe destacar que el «23» nunca tuvo un mal gesto hacia nadie y supo enfundarse el mono de trabajo cuando tocaba. El hecho de que consiguiera ganarse a un técnico tan exigente en lo táctico como Capello, tras haberlo tenido todo en su contra, bien lo demuestra. Con esa caballerosidad inglesa que siempre le caracterizó, y sin generar tanto ruido como a su llegada, Beckham se despidió del madridismo en el verano de 2007 con un discurso repleto de buenas palabras y elogios hacia algunos de los que habían sido sus compañeros. En una etapa que fue especialmente convulsa para el club, solo alguien como él podía tener esa capacidad de marcharse con una imagen impoluta.

Emilio Butragueño

Butragueño es uno de los grandes mitos de la historia del Real Madrid. Su biografía es la de un madridista desde la cuna –casi literalmente, puesto que su padre le hizo socio del club al día siguiente de haber nacido– que empezó desde las categorías inferiores y acabó convirtiéndose en el máximo exponente del madridismo, primero sobre el terreno de juego y, después, desde un prisma más institucional.

Su nivel en el Castilla, filial del primer equipo, ya hacía presagiar que Butragueño era un proyecto de gran jugador, y el éxito de aquel equipo no se hizo esperar. Aquella generación de canteranos fue una de las mejores de la historia del club, que acabó ganándose el archiconocido sobrenombre de la Quinta del Buitre por la explosión de Butragueño y sus compañeros en el segundo equipo: Pardeza, Sanchís, Martín Vázquez y Míchel. No en vano, aquel Castilla fue capaz de lograr el título de segunda división en la temporada 1983-1984, en una clara evidencia de la magnitud de los talentos que estaban comenzando a florecer.

Por ello, y respaldado también por los grandes números goleadores que había firmado en el filial, Alfredo Di Stéfano hizo debutar a Butragueño con el primer equipo, y ya en su primer partido dejó claro que había llegado para quedarse. Aquel 5 de febrero de 1984, en el estadio Ramón de Carranza, de Cádiz, nació una estrella. Con dos a cero abajo en el marcador, Butragueño revolucionó el encuentro hasta el punto de ser el principal protagonista de la remontada blanca, que acabó venciendo por dos a tres gracias a dos goles y una asistencia de su gran promesa. No podía empezar mejor su carrera en el Real Madrid.

Pero su impacto fue mucho más allá. La ilusión que había generado Butragueño, junto a aquella generación de futbolistas

imberbes dotados de un talento propio de los elegidos, era desbordante, hasta el punto de ser los protagonistas de una historia que comenzaba a dibujar un futuro muy esperanzador para el conjunto madrileño. Sus fintas, regates y la magia que desprendía en cada toque hicieron de Butragueño un ídolo de masas. Se trataba de un futbolista diferente, con la habilidad propia de los grandes genios y con una gran intuición para situarse dentro del área rival.

En sus dos siguientes años en el primer equipo, el Real Madrid se alzó con sendas Copas de la UEFA consecutivas, en 1985 y 1986, con la inestimable ayuda del Buitre. La dupla que formaba con Hugo Sánchez era temible, al tratarse de dos jugadores muy complementarios, aunque ambos poseían una facilidad goleadora pasmosa gracias a la cual dominaron el Trofeo Pichichi en los años venideros, con Butragueño llevándose la distinción en la temporada 1990-1991. Aquella concentración de calidad en el equipo blanco tuvo consecuencias muy positivas para el club, que vivió una de las etapas más doradas de su historia.

De 1986 a 1990 el Real Madrid de la Quinta del Buitre ganó cinco ligas consecutivas y dejó patente que aquel equipo no tenía rival en el ámbito nacional. Sin embargo, a pesar de la espléndida etapa que el madridismo estaba presenciando gracias a aquellos chavales que habían salido de la cantera, siempre quedó la espinita clavada de no refrendar su dominio a nivel europeo, con la Copa de Europa como gran anhelo que se quedó sin conquistar. No obstante, el palmarés de Butragueño habla por sí solo: dos Copas de la UEFA, seis ligas, dos Copas del Rey, una Copa de la Liga, cuatro Supercopas de España y una Copa Iberoamericana, además de cuatrocientos sesenta y tres partidos oficiales y ciento setenta y un goles anotados con el Real Madrid en los once años que permaneció como futbolista del primer equipo.

Una vez retirado, y dado su amor incondicional por el escudo madridista, Butragueño siguió trabajando para el club, donde ha tenido distintos cargos a lo largo de los años y ha representado al Real Madrid en infinidad de actos oficiales. Su papel a nivel institucional ha sido muy importante para la entidad, que siempre le ha visto como la persona idónea para representar los valores del club y proyectar una imagen señorial acorde con la dimensión del Real Madrid.

Ferenc Puskas

La historia de Ferenc Puskas es la de uno de los mejores goleadores de todos los tiempos y la de un tipo que no dejaba indiferente a nadie. Sus inicios en el fútbol le sitúan en Hungría durante la confluencia de dos décadas, las de los cuarenta y los cincuenta, muy controvertidas a nivel sociopolítico. El delantero, nacido en Budapest, vivió una etapa dorada tanto en su primer club, el Kispest-Honvéd, como en la selección húngara, donde el equipo liderado por Puskas revolucionó el fútbol con su propuesta ofensiva y consiguió una medalla de oro en los Juegos Olímpicos de Helsinki, en 1952, y un subcampeonato del mundo en 1954.

Tras el estallido bélico y la revolución surgida en su país en 1956, Puskas se negó a volver a Hungría y fue sancionado por la UEFA, que le prohibió jugar a nivel profesional durante año y medio, hecho por el cual acabó descuidando su forma física a sus treinta y un años. En ese momento, las dudas se cernían sobre el goleador, tanto por su edad como por su estado, pero el Real Madrid decidió apostar por él. El resto es historia.

Aquel contexto de dudas razonables por su físico y su inactividad se disipó en muy poco tiempo, el que tardó Puskas en recuperar la forma y comenzar a marcar goles de todos los colores. La sociedad que formó con Alfredo Di Stéfano era temible, se repartían los tantos por docenas y situaron al Real Madrid en lo más alto. El húngaro alcanzó o superó la veintena de goles en liga en cada una de sus primeras seis temporadas y dejó boquiabierta a una afición que acabó adorando al futbolista magiar. El poder ofensivo de aquel equipo era incomparable: juntaba a Di Stéfano, Gento, Rial, Kopa y el propio Puskas en uno de los ataques más feroces que se recuerdan en la historia del fútbol mundial.

A título individual, fue uno de los mejores delanteros que jamás hayan pisado un terreno de juego, como prueban sus doscientos cuarenta y dos goles en doscientos sesenta y dos partidos como madridista y sus continuas exhibiciones anotadoras en los nueve años que permaneció en el Real Madrid. Durante su estancia fue capaz de llevarse cuatro Trofeos Pichichi, todo ello a pesar de coexistir con la nómina tan destacada de *killers* que colmaban el ataque blanco. Además, el húngaro recibió el trofeo al máximo goleador del siglo XX por la International Federation of Football History and Statistics (IFFHS) y contribuyó decisivamente a la conquista de cinco ligas, una Copa de España, una Copa Intercontinental y tres Copas de Europa.

Fue precisamente en la máxima competición continental en la que Puskas dejó uno de los partidos más recordados de la historia, con aquella final de 1960 en Hampden Park en la que el Real Madrid se llevó su quinta Copa de Europa consecutiva ante el Eintracht Frankfurt tras superar a los alemanes por siete a tres, un marcador irrepetible en un encuentro decisivo por el título. En aquella cita, que congregó a más de ciento veintisiete mil espectadores que abarrotaron las gradas escocesas, Puskas firmó cuatro goles y Di Stéfano otros tres para sellar el dominio europeo de un conjunto histórico.

Su buena sintonía con el argentino se vio reflejada en el rendimiento de ambos, que se retroalimentaron y forjaron una estrecha relación que fue sinónimo de muchos éxitos para el club. Con una pierna izquierda a la altura de los elegidos, el delantero magiar, al margen de su voracidad anotadora, también poseía una excelente visión de juego y una capacidad para aparecer entre líneas y filtrar buenos balones a la espalda de las defensas rivales. Puskas era un futbolista completo, muy bien dotado técnicamente y con una facilidad pasmosa para convertir casi cualquier balón en una acción susceptible de perforar la meta rival gracias, sobre todo, a un prodigioso golpeo con la zurda que dejó atónitos a sus compañeros y al cuerpo técnico del Real Madrid, lo cual le sirvió para ganarse el sobrenombre de «Cañoncito Pum».

Tras su fallecimiento en 2006, dado su impresionante currículum y a modo de homenaje para conmemorar a uno de los mejores delanteros de la historia, la FIFA optó por poner su nombre al galardón anual que otorga desde la temporada 2008-2009 para reconocer el mejor gol de cada año: el Premio Puskas, un honor a la altura de su leyenda y de sus inolvidables dianas en una trayectoria digna de los dioses del fútbol.

Fernando Hierro

Fernando Hierro es uno de los zagueros más legendarios de la historia del Real Madrid y del fútbol español. A sus evidentes dotes defensivas, propias de los mejores en su puesto, cabía sumar una capacidad realizadora fuera de lo común para tratarse de un central. Tras dar sus primeros pasos en el deporte rey en su provincia natal, Málaga, Hierro se marchó a Valladolid para continuar con su carrera deportiva, y fue en el club pucelano donde debutó en primera división y comenzó a despuntar hasta hacerse con un puesto fijo en el once.

Gracias a su talento y a su brillante rendimiento en el Real Valladolid, fue precisamente la final de la Copa del Rey 88/89, que enfrentó a los blanquivioletas con el Real Madrid, la que sirvió como pretexto para negociar su llegada a la Casa Blanca. Desde entonces, el malagueño se convirtió en pieza clave durante las catorce gloriosas temporadas que pasó en la capital.

Sus inicios en el fútbol le situaron en demarcaciones más adelantadas, y ejerció como centrocampista hasta que, tras alternar dicha posición con la de central, terminó consolidándose definitivamente en el eje de la zaga. Después de varias temporadas protagonizando notables cifras goleadoras, como la temporada 1991-1992, en la que anotó veintiún tantos y finalizó segundo en el Trofeo Pichichi, Hierro acabó formando una pareja inexpugnable en el centro de la defensa con otra leyenda blanca: Manolo Sanchís. No obstante, a pesar de su nueva ubicación sobre el terreno de juego, más alejada del ataque y centrada en sus obligaciones defensivas, las cifras goleadoras del andaluz continuaron por encima del promedio de un jugador de contención.

Su disparo de media distancia, unido a una depurada técnica que facilitaba una salida de balón limpia desde la zaga, convir-

tieron a Hierro en un arma ofensiva a tener muy en cuenta en el engranaje del Real Madrid. En total, el malagueño anotó ciento veintisiete goles durante su trayectoria con la casaca blanca, un registro al alcance de muy pocos futbolistas en su demarcación. Todo ello sin descuidar la faceta defensiva, donde se erigió en un líder cuya ascendencia sobre el grupo le llevó a convertirse, además, en capitán del equipo blanco. Esa influencia que tenía en el terreno de juego, con una autoridad que proyectaba a la perfección durante los partidos, iba de la mano con una elegancia en su fútbol impropia de un central. Ese maridaje entre carácter y clase dotaba a Fernando Hierro de una jerarquía a la altura de las grandes personalidades.

Esa armonía tan difícil de hallar en un futbolista, destacando sobremanera tanto en la parcela ofensiva como en la defensiva, le hizo indispensable en el once madridista durante toda la década de los años noventa, una era muy prolífica en lo que a títulos se refiere a nivel nacional y europeo. Hierro permaneció catorce años en la disciplina blanca y acumuló un palmarés de ensueño con diecisiete títulos: tres Copas de Europa, dos Copas Intercontinentales, una Supercopa de Europa, cinco ligas, una Copa del Rey, cuatro Supercopas de España y una Copa Iberoamericana.

Sus éxitos, sobre todo en la Copa de Europa, donde el Real Madrid volvió a proclamarse campeón en 1998 tras más de treinta años sin levantar su trofeo por antonomasia, le elevaron a una categoría superior. Después de aquella final contra la Juventus, donde el gol de Mijatovic dio el título al equipo blanco, vinieron dos éxitos más en París y Glasgow gracias a sendas finales inolvidables para el madridismo. Solo un año después, en 2003, Hierro puso fin a su etapa en la capital de España, dejando un legado a la altura de una leyenda como él.

Tras su retirada como futbolista, el malagueño ha ejercido como director deportivo, entrenador y hasta seleccionador nacional en el Mundial de Rusia 2018, además de formar parte del cuerpo técnico de Carlo Ancelotti en 2014, actuando como segundo entrenador del Real Madrid. Hierro siempre fue un hombre de fútbol, e incluso después de abandonar la práctica del balompié siguió ligado a él. La pasión que el defensa mostraba sobre el césped le ha llevado a seguir muy cerca de la élite desde otras posiciones, tanto en los despachos como en los banquillos, permaneciendo siempre muy próximo a su hábitat natural.

Fernando Morientes

Delantero sencillo y a la vieja usanza, se le puede considerar uno de los últimos ejemplares de una especie en extinción. Fernando Morientes nació en el municipio cacereño de Cilleros y apenas tenía cinco años cuando se trasladó a Sonseca, después de que su padre, guardia civil de profesión, fuese destinado a este pueblo de la provincia de Toledo. Fue allí donde comenzó a dar sus primeras patadas al balón hasta llamar la atención de los ojeadores del Albacete, que le reclutaron para las categorías inferiores del club. «El Moro», como ya le solían apodar, pronto destacó por su facilidad para hacer goles y se ganó una oportunidad con el primer equipo a los diecisiete años. Tras asentarse como referente ofensivo del conjunto manchego, le llegó la ansiada oportunidad de triunfar en primera división con su fichaje por el Real Zaragoza en 1995. Con trece y quince goles durante sus dos temporadas en el club aragonés, sus cifras le pusieron en la órbita del Real Madrid. El entonces presidente del club blanco, Lorenzo Sanz, no dudó en apostar por el ariete, lo que lo convirtió en su primer fichaje español durante el verano de 1997.

Fue así como se comenzó a forjar un idilio que duró ocho temporadas y que se saldó con cien goles. Desde el principio, el de Sonseca demostró su eficacia goleadora firmando un debut soñado frente al Salamanca en El Helmántico, donde fue el autor de los dos tantos anotados por los suyos para lograr el triunfo. Su estreno en la Champions League ante el Rosenborg también resultó de lo más convincente al entrar desde el banquillo en el segundo tiempo y firmar el cuatro a uno definitivo. En cuestión de apenas una temporada, Morientes se había consagrado como titular en el equipo dirigido por Jupp Heynckes sentando a un peso pesado como era por aquel entonces Davor Suker. Para poner el broche de oro a su primer curso como madridista, participó en la conquista de la Séptima siendo titular en la recordada final contra la Juventus disputada en Ámsterdam. Cabe mencionar que su aportación en el camino al título también fue fundamental, con goles como el que marcó en la ida de semifinales ante el Borussia Dortmund.

Por aquel entonces, el atacante ya había empezado a constituir una sociedad letal en la delantera junto a Raúl González, que sembró el terror en las defensas rivales durante varias campañas. La sintonía entre ambos jugadores era total tanto dentro como fuera del terreno de juego, pues también les unía una gran amistad. En cuanto a sus virtudes como jugador, «el Moro» siempre destacó por ser un ariete de la vieja escuela. Mientras que Raúl le complementaba a la perfección siendo un punta de mayor movilidad, el «9» brillaba como jugador de área, destacando su gran poderío por alto. Y es que sus increíbles remates de cabeza le valieron incluso ser comparado con el mismísimo Santillana.

A esas virtudes hay que sumarle además su idilio con competiciones como la Champions, tal como volvió a quedar patente la noche del 24 de mayo del 2000 en París. Fue en esta final ante el Valencia cuando Morientes abrió el camino hacia la Octava cabeceando al fondo de la portería un centro de Míchel Salgado. Probablemente era el momento álgido del «9» con la camiseta del Real Madrid, ya que durante el siguiente curso vio muy mermado su rendimiento a causa de las lesiones. Sin embargo, en la campaña 2001-2002 volvió a recuperar sus mejores prestaciones, con especial mención a la actuación más brillante de su carrera, la cual tuvo lugar en el duelo liguero ante Las Palmas disputado en el Bernabéu. Aquella tarde, el ariete se reivindicó a lo grande firmando nada menos que cinco goles, cuatro de ellos de cabeza. Incluso pudo anotar un sexto tanto de no haber fallado un lanzamiento de penalti en los minutos finales. Para poner la guinda a esta temporada, alzó la tercera Champions de su carrera siendo de nuevo titular en la final contra el Bayer Leverkusen que culminó en la conquista de la Novena.

No obstante, es sabido que el Real Madrid es un club de máxima exigencia en el que suelen recalar varios de los mejores jugadores del mundo, motivo por el que la competencia es muy reñida, y eso es algo que de algún modo también pasó factura a Morientes. A pesar de los excelentes números que había firmado hasta entonces, su trayectoria como merengue dio un giro inesperado tras el fichaje de Ronaldo Nazário. La llegada del brasileño marcó un antes y un después para el de Sonseca, sin cabida en el equipo titular y quien ya en ese verano del 2002 estuvo cerca de salir traspasado. Finalmente, permaneció un curso más en la capital madrileña, si bien jugó mucho menos de lo habitual.

Fruto de esta complicada situación, y con contrato hasta 2006, la solución se saldó con una cesión al Mónaco de cara a la temporada 2003-2004. Durante su etapa en el equipo del Principado, el punta se reivindicó alcanzando la final de Champions y apeó en el camino precisamente al Real Madrid, al que endosó dos goles en la eliminatoria de cuartos de final. No contento con anotar en el Bernabéu, dos semanas más tarde repitió en el Parque de los Príncipes, donde uno de sus magistrales cabezazos, idéntico a los que tantas alegrías habían dado al madridismo, por primera vez se tornó en pesadilla. Sin duda, el hecho de que Morientes se convirtiera en la bestia negra de los blancos fue una de esas situaciones extrañas que tiene a veces el fútbol y por las que no tardaría mucho tiempo en instaurarse la conocida como «cláusula del miedo», la cual impide por contrato a algunos futbolistas cedidos enfrentarse al club del que siguen siendo propiedad.

En cualquier caso, una vez finalizada la cesión en el equipo monegasco y aún con contrato en vigor, volvió a formar parte de la plantilla madridista en el comienzo del siguiente curso, si bien su participación volvió a ser escasa y acabó siendo traspasado al Liverpool en el mercado de invierno del año 2005. De este modo, tras una segunda y breve etapa como merengue, «el Moro» dio el adiós definitivo al que siempre fue y será el equipo de su vida, con el que levantó la mayoría de títulos y anotó la mayoría de los goles de su trayectoria. Huelga decir, por encima de todo, que su rendimiento y actitud fueron intachables.

Fernando Redondo

Fernando Redondo era uno de esos futbolistas a los que bastaba ver una sola vez para darse cuenta de que la clase era inherente a él. El argentino aterrizó en España tras dejar muestras de su palpable calidad en su país natal, donde debutó en el fútbol profesional de la mano del Argentinos Juniors, club en el que inició su carrera desde las categorías inferiores y en el que debutó en el primer equipo con solo dieciséis años. Esta precocidad fue consecuencia de su evidente talento, que se encargó de derribar cualquier barrera relacionada con su corta edad.

Su irrupción en el fútbol argentino no pasó desapercibida en Europa, y fue el CD Tenerife quien decidió apostar por traerle a España. En el conjunto canario permaneció durante cuatro campañas, durante las cuales condujo a su equipo a la clasificación para disputar la Copa de la UEFA y dejó patente que lo que había demostrado en su país no era flor de un día. Jorge Valdano, que fue entrenador del Tenerife y tuvo a sus órdenes a Redondo, no lo dudó ni un instante y fichó al argentino cuando asumió la dirección técnica del club madrileño en 1994.

A partir de entonces, Fernando Redondo se convirtió en el faro que guiaba el centro del campo del Real Madrid. Por su pierna zurda pasaba buena parte del caudal ofensivo que generaba el conjunto blanco, confiando plenamente en las dotes organizativas del bonaerense. Su influencia en el juego era sobresaliente, ejerciendo como un metrónomo perfectamente acompasado con la habilidad de dibujar a su antojo el devenir de los partidos. A pesar de su privilegiada visión de juego y su capacidad de liderazgo, Redondo también era capaz de batir líneas rivales a través de la conducción gracias a su habilidad en espacios reducidos, fomentando un dominio del balón que minaba la moral de sus contrincantes.

En este sentido, su elegancia no era óbice para demostrar un carácter fuerte, propio del fútbol argentino, que suponía el contrapunto perfecto a su aparente frialdad con el balón en los pies. Ese talento para combinar primeros toques con conducciones y regates en espacios reducidos hacía de él un mediocentro muy completo, capaz de equilibrar al equipo con grandes acciones defensivas y, al mismo tiempo, firmar pases al hueco o superar adversarios con su potencia física y su distinguida zancada con la pelota pegada a su zurda.

La máxima expresión de lo que era Fernando Redondo radica en aquella mágica jugada en el Old Trafford que todo aficionado madridista rememora con una sonrisa. Escorado en la banda izquierda y sin demasiada salida ante los tres futbolistas del Manchester United que le rodeaban, el argentino se inventó un autopase de tacón que dejó helado a todo el estadio, asistiendo posteriormente a un Raúl que marcó a puerta vacía para finalizar una jugada icónica y sentenciar una eliminatoria de cuartos de final de la Champions League, en el año 2000, que acabaría convirtiéndose a la postre en la octava Copa de Europa blanca.

Aquella genialidad definía a la perfección la dualidad de Fernando Redondo como jugador, exhibiendo en una misma acción todas sus virtudes y haciendo gala de su liderazgo portando el brazalete de capitán del Real Madrid y mostrando su indomable personalidad, un factor decisivo en encuentros de este calado. La arrancada y el poderío físico para ejecutar a la perfección una jugada tan compleja y su posterior visión de juego al tener la sangre fría para encontrar el pase al hombre libre, pegado a la línea de fondo y entre la acumulación de futbolistas que había en el área del Manchester United, sirvieron para culminar una obra brillante, propia de un jugador de su categoría.

En total, Redondo disputó más de doscientos partidos con la camiseta del Real Madrid durante las seis temporadas que permaneció en la capital antes de fichar por el Milan, y dejó una amplia colección de grandes títulos en su trayectoria: dos Copas de Europa, dos ligas, una Copa Intercontinental y una Supercopa de España. Sin duda, un palmarés a la altura de un futbolista sensacional, que dominaba la zona ancha del campo merced a una amalgama de recursos propia de los elegidos y que, gracias a jugadas como la protagonizada en «El teatro de los sueños», aparece en el imaginario colectivo a la hora de hablar de los grandes mediocentros de la historia del fútbol.

Gareth Bale

Gareth Frank Bale llegó al Real Madrid con la vitola de ser uno de los mejores proyectos de jugador a nivel mundial y tras dejar boquiabierto al mundo del fútbol con sus golazos y soberbias actuaciones en la Premier League y la Champions League. Después de una dura negociación con el Tottenham Hotspur, el Real Madrid logró fichar al galés por una cifra récord que lo convirtió en uno de los traspasos más caros de la historia del deporte rey.

Bale aterrizó en la capital de España en septiembre de 2013, debutó solo unos días más tarde con la casaca blanca y se estrenó como goleador en su primer encuentro ante el Villarreal. «El expreso de Cardiff», apodo por el que se le conocía debido a su velocidad y su capacidad atlética, dejó una colección de grandes momentos y goles inolvidables durante su estancia en Madrid, aunque su rendimiento siempre ha dejado la sensación de haber podido ser mucho más constante de no haberse visto lastrado por un número elevado de lesiones que limitaron su desempeño durante los mejores años de su carrera deportiva.

Y es que su físico privilegiado contrastaba con la cantidad de percances que sufrió durante su etapa como futbolista del Real Madrid. No obstante, y a pesar de ello, Bale estuvo presente en muchos de los momentos importantes del club en la última década. Su habilidad para aparecer en las grandes citas quedó patente durante las nueve temporadas que vistió el escudo del Real Madrid, ganándose el aura de jugador decisivo gracias a su puntualidad como goleador cuando el equipo más lo necesitaba.

En la temporada 2013-2014, la primera como integrante de la plantilla, el galés tuvo un rol clave en la consecución de los títulos de la Champions League y la Copa del Rey, siendo muy protagonista en ambas finales y formando un tridente temible con Cristiano Ronaldo y Benzema, la «BBC», que acabaría dominando el fútbol europeo durante varias temporadas. Aquella inolvidable Copa de Europa lograda en Lisboa, que comenzó con el cabezazo de Sergio Ramos para forzar la prórroga, tuvo en Bale al segundo héroe de la noche, que allanó el camino a la conquista de la Décima con el tanto que desniveló el marcador y que sirvió para colocar el dos a uno que los blancos acabarían ampliando hasta sellar el choque con un contundente cuatro a uno frente al Atlético de Madrid. En la Copa del Rey, Gareth marcó uno de sus goles más icónicos con aquella galopada por la banda de Mestalla que finalizó con una gran definición sobre la portería del FC Barcelona y logró el dos a uno que a la postre serviría para levantar la Copa del Rey.

Pero si existe un recuerdo inigualable en la carrera de Gareth Bale como futbolista del Real Madrid, ese es el de la final de la Champions League de 2018 en Kiev. El jugador galés fue suplente en aquel encuentro, pero su contribución a ganar la decimotercera Copa de Europa blanca no pudo ser más letal. Con uno a uno en el marcador ante el Liverpool, que había empatado el encuentro apenas cinco minutos antes de la salida de Bale al césped, el conjunto dirigido por Zinedine Zidane necesitaba un revulsivo y llegó el momento de jugar su carta. Fue entonces cuando el futbolista de Cardiff respondió con uno de los mejores tantos de la historia de la máxima competición europea.

Tras un gran centro de Marcelo, el delantero madridista se elevó con una majestuosa chilena que sorprendió a propios y extraños y alojó la pelota en las mallas de un Liverpool que acusó la brillantez del golpe recibido. Para sellar una noche de grandes emociones, el galés marcó también el tres a uno final que sentenció el choque y puso el broche de oro a un ciclo irrepetible en el Viejo Continente con la tercera Champions consecutiva para el conjunto blanco.

Durante su etapa como madridista, Bale logró superar la centena de goles y dejar su huella en momentos muy importantes de la historia blanca. Su palmarés así lo acredita, con cinco títulos de

Champions League, cuatro Mundiales de Clubes, tres Supercopas de Europa, tres ligas, una Copa del Rey y tres Supercopas de España. En total, diecinueve títulos que le han hecho ganarse la categoría de «leyenda», siendo protagonista de uno de los periodos más exitosos de la dilatada trayectoria de un club de la envergadura y el prestigio del Real Madrid.

Héctor Rial

Rial desprendía clase y contaba con una facilidad innata para generar goles, ya fuera marcándolos o asistiendo a sus compañeros. Argentino con ascendencia española que se formó en su país natal, aunque fue sobre todo en Club Independiente de Santa Fe y Nacional de Montevideo donde más destacó. «El Nene», como le apodaron en tierras colombianas, se enfrentó a un Alfredo Di Stéfano que, por aquel entonces, era la figura del otro equipo referente en Bogotá: el Millonarios. De aquella rivalidad por la supremacía capitalina y nacional surgió una relación que, en un futuro, resultó clave para llevar al Real Madrid a la gloria deportiva.

Fue precisamente Di Stéfano, ya en la disciplina del Real Madrid, quien aconsejó fichar a Rial, al que conocía muy bien tras su paso por Colombia. El hispanoargentino lo tuvo claro desde el primer minuto, e incluso llegó a enviar un mensaje al que era su equipo en aquel momento, el Nacional de Montevideo, en que dejaba patente su irrefrenable deseo de marcharse al Real Madrid. Su llegada a la Casa Blanca se produjo en 1954, cuando inició un periodo de siete años que cambió para siempre la historia del club y que supuso el comienzo de una de las eras más exitosas a nivel de títulos.

Su sociedad con Paco Gento elevó al cántabro a cotas altísimas, ya que facilitó con sus asistencias que la Galerna del Cantábrico diera un rendimiento espectacular, al nivel de los mejores del planeta. A pesar de coexistir en sus primeros años con dos referentes absolutos del Real Madrid, como el propio Di Stéfano y Miguel Muñoz, Rial se hizo imprescindible en el equipo blanco, aportando liderazgo y una calidad que proyectaron a un conjunto legendario. El hispanoargentino vivió el lustro más triunfal

del club en Europa, con el comienzo de una hegemonía que se extendió desde 1955 hasta 1960, un lapso de tiempo en el que los madridistas levantaron cinco Copas de Europa consecutivas para autoproclamarse reyes del Viejo Continente.

Aquella escuadra juntó en un mismo once a una delantera formada por Rial, Di Stéfano, Kopa y Gento, un cuarteto que, con sus goles y un talento descomunal, aupó al Real Madrid hasta lo más alto. Por si fuera poco, a esa colección de figuras se sumaría en 1958 Ferenc Puskas, quien puso la guinda a un conjunto impresionante, prácticamente de videojuego. El futbolista criado en Buenos Aires fue muy importante en aquel equipo y un complemento de primer nivel para Alfredo Di Stéfano, uno de los nombres más importantes de la historia madridista, gracias a su amalgama de recursos, que hacían de él un jugador completísimo. Al margen de la faceta goleadora, en la que aportó la nada desdeñable cifra de ochenta y tres goles en ciento sesenta y nueve partidos con el Real Madrid, Rial fue un gran asistente para sus compañeros en la punta del ataque, haciendo gala de sus dotes técnicas y su clarividencia en el juego.

En solo siete años el hispanoargentino fue partícipe de las cinco Copas de Europa y, además, conquistó otros siete títulos, poniendo su granito de arena en una época dorada para el club: cuatro ligas, una Copa Intercontinental y dos Copas Latinas, completando un palmarés de auténtico ensueño en un periodo tan corto de tiempo. Por todo ello, Rial se ganó a pulso el estatus de leyenda blanca, y llegó a ser muy importante gracias a su personalidad sobre el terreno de juego y al talento natural que poseía en sus botas.

Al margen de su brillante carrera en el Real Madrid, Rial fue cinco veces internacional por España, aprovechando su doble nacionalidad hispanoargentina para ser seleccionable. Tras abandonar la disciplina blanca en 1961, sus últimos equipos antes de retirarse fueron el Espanyol, el Olympique de Marsella y el Club Unión Española. Pero un hombre tan estrechamente ligado al fútbol no se iba a quedar ahí, y, unos años después de colgar las botas, Rial se pasó a los banquillos y acumuló una dilatada experiencia como técnico en la liga española, además de otras experiencias internacionales, tanto a nivel de selecciones como de clubes en su país natal y en México. Una vez abandonó por completo el mundo del fútbol, el hispanoargentino vivió en Madrid hasta su fallecimiento en 1991 a causa de una enfermedad, aunque su legado en la capital de España seguirá vivo para siempre.

Hugo Sánchez

Hugo Sánchez representa lo que hoy en día es, prácticamente, una especie en extinción en el mundo del fútbol. El delantero mexicano fue uno de los grandes maestros del primer toque e hizo del remate todo un arte gracias a su capacidad para convertir casi cualquier servicio en un tanto. Su llegada al Real Madrid se produjo desde el Atlético de Madrid en un movimiento que dio mucho que hablar al tratarse de un traspaso entre los dos principales clubes y rivales capitalinos.

Pero Hugo Sánchez había nacido para marcar una época en el conjunto blanco, y con esa mentalidad logró convertirse en la referencia de uno de los equipos más exitosos de la dilatada historia del club. Como *killer* de aquella inolvidable Quinta del Buitre, el mexicano fue acumulando logros y reconocimientos en un once de ensueño. Ya en su primera campaña como madridista se hizo con el Trofeo Pichichi, firmando veintidós dianas que condujeron al club al título de liga y contribuyendo también a la consecución de la Copa de la UEFA.

Fue un gran comienzo para el «9», que inició su viaje de la mejor manera posible y trajo consigo numerosos trofeos bajo el brazo. Hugo Sánchez era un depredador del área, un delantero con un hambre de gol insaciable que en cada centro al área veía una oportunidad de oro para perforar la portería rival. La duda no estaba en el vocabulario de un mexicano que en cualquier ocasión era capaz de armar un remate, aunque fuera de la forma más inverosímil.

La plasticidad y la belleza de sus acrobacias dentro del área siempre provocaban la máxima expectación en el aficionado blanco, que esperaba una nueva genialidad del mexicano para seguir acrecentando sus cifras goleadoras. En la retina del aficionado madridista quedan goles tan recordados como la chilena que anotó en 1988 ante el Logroñés en el Santiago Bernabéu, firmando una de las mejores dianas de la historia contemporánea de la competición. Pero su catálogo de recursos no acababa ahí, sino que poseía una riqueza incalculable: voleas, cabezazos y todo tipo de remates que siempre solían tener un denominador común, el gol.

Su mítica celebración dando volteretas era algo icónico en su figura, que fue ganando prestigio año a año gracias a un rendimiento que le situaba entre los mejores arietes del mundo. Sánchez firmó números muy difíciles de reeditar, especialmente en aquella época futbolística: marcó doscientos ocho goles en doscientos ochenta y dos partidos con la casaca blanca. Estas cifras realizadoras auparon al mexicano hasta conseguir cuatro Trofeos Pichichi y una Bota de Oro durante su estancia en Chamartín, redondeando una etapa muy exitosa en el plano individual.

En lo colectivo también consiguió un palmarés muy destacado, sobre todo en el ámbito nacional, con cinco ligas consecutivas, una Copa del Rey y tres Supercopas de España para un Real Madrid que dominaba con puño de hierro las competiciones domésticas. Sin embargo, la Copa de Europa siempre se le resistió al mexicano; se quedó en dos ocasiones a las puertas de la final, tras caer en sendas semifinales ante el Bayern de Múnich y el Milan.

Como en el Real Madrid, Hugo Sánchez también es toda una leyenda en su país natal, con el que acumuló setenta y cinco internacionalidades defendiendo la camiseta de México, con tres Mundiales disputados y una Copa América en la que guio a su equipo al subcampeonato. Además, fue elegido Mejor Futbolista de América del Norte y América Central del siglo XX por la International Federation of Football History & Statistics (IFFHS), un reconocimiento a toda una brillante trayectoria futbolística.

Por su efectividad, sus números y su facilidad anotadora, no cabe duda de que estamos ante uno de los mejores delanteros de la historia del club blanco y del panorama futbolístico mundial. Su voracidad, su agilidad y su capacidad goleadora innata resultan cualidades muy difíciles de aunar en un «9», al margen de su amplio abanico de recursos para finalizar cualquier jugada. Y es que Hugo Sánchez logró hacer de cada tanto un arte cuyo sello de autor llegaba en forma de voltereta.

Ignacio Zoco

Nacido en el pueblo navarro de Garde como el cuarto miembro de una familia de cinco hermanos, no sería hasta la adolescencia cuando Ignacio Zoco comenzó a desarrollar su pasión por el fútbol. Fue Osasuna, uno de los equipos de su vida, el «culpable» de este enamoramiento. Durante su etapa en el Instituto Roncesvalles de Pamplona, presenció en la grada de El Sadar una goleada del equipo rojillo por seis a dos ante el Sabadell, y tuvo muy claro desde entonces que quería dedicarse al balompié. Pasó por varios conjuntos modestos, como el Oberena, de tercera división, hasta que en 1959 se produjo su llegada al Club Atlético Osasuna, donde apenas necesitó un año para comenzar a llamar la atención de los clubes más importantes del país y también de la selección española. A pesar de que el conjunto pamplonés jugaba entonces en segunda, el seleccionador Pedro Escartín convocó al bravo centrocampista para la disputa de un partido clasificatorio ante Gales. Al mismo tiempo, varios clubes, como el Espanyol, el Atlético y el Barcelona, se interesaron también en hacerse con su fichaje. En el caso del equipo blaugrana, incluso llegó a tener una opción de compra sobre él.

Sin embargo, todo cambió una tarde en la que el futbolista había acudido al cine junto a su compañero Félix Ruiz, también codiciado por los grandes del fútbol español. A mitad de la película, ambos recibieron el aviso para acudir urgentemente a la sede del club pamplonico, donde se encontraba el gerente del Real Madrid, Antonio Calderón. Cuando se les preguntó si querían jugar en el Madrid o en el Barcelona, ninguno de los dos jugadores tuvo la más mínima duda en decantarse por el club blanco. Fue así como comenzó la leyenda de Zoco en el Santiago Bernabéu, donde se consagró como un todopoderoso

centrocampista de trabajo y brega que destacó también por su poderío en el juego aéreo. Su estreno como madridista se produjo el 22 de septiembre de 1962 en un encuentro ante el Deportivo de la Coruña, el cual se saldó con victoria merengue por dos a uno. Tras una primera campaña de transición, el navarro agarró la titularidad para no soltarla durante más de una década. Se sentía cómodo jugando por delante de la defensa, donde era un auténtico muro infranqueable, si bien con el paso de los años fue también más habitual verle jugar en el centro de la zaga. Hay que decir que, a pesar de batallar como un gladiador sobre el terreno de juego, quienes le vieron jugar siempre le definieron como un competidor honorable y un auténtico caballero.

Sobre su entrega en el césped se sustentaron muchos de los éxitos que el Real Madrid protagonizó en la década de los sesenta y a comienzos de los setenta. De todos ellos, destaca especialmente la conquista de la sexta Copa de Europa en 1966, donde formó parte del histórico equipo de los yeyé integrado en su totalidad por jugadores españoles. En sus primeros años como madridista también tuvo tiempo para compartir vestuario con otros mitos que habían marcado una época, como Di Stéfano y Puskas, quienes se acercaban al final de sus respectivas carreras. Zoco fue uno de esos futbolistas que llegó precisamente con el cometido de insuflar poderío y garra a la nueva generación, que debía tomar el relevo de los anteriores. La citada conquista de la sexta orejona, con los históricos goles de Amancio y Serena en la final ante el Partizan, fue también el éxito que merecían jugadores como Zoco para pasar a la posteridad. Además, el navarro fue protagonista en otra cita europea en la que los blancos se quedaron a las puertas de la gloria. Ocurrió en la final de la Recopa disputada ante el Chelsea, en 1971, en la que el ex del Osasuna consiguió forzar el partido de desempate (en esa época no había aún ni prórroga ni penaltis) con un gol en el minuto noventa. Sin embargo, el conjunto londinense acabó llevándose el título tras lograr el triunfo en el segundo choque, disputado dos días después.

Entre los mayores logros de su carrera, tampoco se puede pasar por alto su titularidad con España en la Eurocopa lograda en 1964, después de vencer por dos a uno a la Unión Soviética en la final disputada en el Santiago Bernabéu. A nivel doméstico, fue también pieza importante de un Real Madrid dominador en liga, campeonato que el navarro conquistó hasta en siete ocasiones. A ese excelente palmarés se le suman dos Copas de España, con mención especial para la última de ellas, la cual supuso su retirada del fútbol por la puerta grande. El futbolista tomó la decisión de colgar las botas en febrero de 1974, una vez finalizase la temporada, y a causa de una dolorosa y severa derrota por cero a cinco ante el Barça en el Bernabéu. Varios meses más tarde, Zoco lograría sacarse esa espina después de que los suyos devolvieran la goleada a los culés imponiéndose por cuatro a cero en la final copera. El capitán Ramón Grosso tuvo con el navarro un detalle inolvidable al cederle su sitio en el campo y el brazalete durante los últimos cinco minutos de partido para que así pudiera levantar el trofeo. El presidente Santiago Bernabéu, quien trató de convencerle por activa y por pasiva para que no se marchase, le terminó organizando un partido amistoso a modo de homenaje y despedida frente al Panathinaikos.

En cualquier caso, la vinculación de Zoco con el Real Madrid no terminó ni mucho menos con su etapa como jugador; dedicó al Madrid prácticamente media vida ocupando diferentes cargos dentro del club. En 1982 retornó a la entidad de Chamartín como directivo del Castilla, mientras que también llegó a ejercer de delegado del primer equipo entre 1994 y 1998, cuando fue sustituido por Chendo. Además, sucedió a Alfredo Di Stéfano como presidente de la Asociación de Exjugadores de Fútbol del Real Madrid, cargo que ostentó hasta su fallecimiento el 28 de septiembre de 2015. Desde ese día forma parte eternamente del santoral madridista que mira desde el cielo.

Iker Casillas

Si hubiera que buscar una frase que definiera a Iker Casillas a la perfección, habría que remitirse a la que pronunció él mismo cuando dijo aquello de «no soy galáctico, soy de Móstoles». Y es que, desde esos orígenes humildes en el municipio del sur de Madrid, peldaño a peldaño, fue firmando su propio ascenso hasta convertirse en uno de los mejores guardametas de la historia. Ni que decir tiene, también perdura como leyenda del club blanco y del fútbol español. Son muchos los niños de barrio que sueñan con emular una trayectoria como la suya, si bien hay que decir que son muy pocos los que gozan del talento innato que sí poseía el arquero, cuyas paradas imposibles y reflejos extraordinarios le valieron el apodo de «el Santo». Una historia de milagros que comenzó en el colegio, donde llamó la atención de los ojeadores del Real Madrid durante el Torneo Social que el club blanco organizaba de forma anual.

Durante su paso por las categorías inferiores, sus excepcionales cualidades pronto comenzaron a llamar la atención, lo que le llevó a recibir la primera convocatoria del primer equipo con apenas dieciséis años. El arquero nunca olvidará el día en que el director de su instituto le comunicó la inesperada llamada: «Iker, ¿puedes salir un momento?». Rápidamente, puso rumbo a la ciudad noruega de Trondheim, donde el conjunto merengue se enfrentaba al Rosenborg en Champions League. El imberbe chico de Móstoles pasó a convertirse aquella noche en el suplente de Santiago Cañizares, un fulgurante ascenso que vivió un nuevo capítulo a destacar el 12 de septiembre de 1999, fecha en la que Iker debutó en liga ostentando la titularidad en un feudo histórico como era el viejo San Mamés, donde el bautismo de fuego del portero se saldó con un dos a dos. Durante estos

inicios, siempre contó con la máxima protección de los pesos pesados del vestuario. Muy significativa resulta en este sentido la imagen del capitán Fernando Hierro lanzando los saques de puerta en los primeros partidos del mostoleño.

No obstante, el niño no tardaría en consagrarse como hombre durante la noche del 24 de mayo de 2000 en París, en la que Casillas, con apenas diecinueve años recién cumplidos, defendió la portería del Real Madrid en la final que culminó en la conquista de la Octava. El arquero cumplió perfectamente su cometido y logró mantener su portería a cero frente a un Valencia que no tuvo opción en aquella final. Además, marcó todo un récord histórico al convertirse en el guardameta más joven en disputar y conquistar la Champions League, una serie de logros que ya en ese momento le consagraron como una de las grandes promesas del fútbol mundial. Tanto es así que, a finales de ese mismo año, recibió su primer premio individual al ser galardonado con el Trofeo Bravo al mejor futbolista joven de Europa. Su consolidación en el primer equipo también era total, siendo prácticamente titular indiscutible durante la temporada 2000-2001, en la que conquistó su primera liga disputando treinta y cuatro partidos y encajando treinta y siete goles.

Pero, como en toda historia de éxito, Iker también tuvo que demostrar su capacidad para sobreponerse a momentos complicados, como el que experimentó en la temporada 2001-2002, cuando el técnico Vicente del Bosque le relegó al banquillo y decidió otorgar la titularidad a César Sánchez. Fueron meses muy difíciles para el joven cancerbero, que partió como suplente en la final de Champions ante el Bayer Leverkusen disputada ese mismo curso. Esa noche, probablemente, acabó marcando su destino y su carrera, después de que tuviera que reemplazar al lesionado César durante la segunda parte. Lo sucedido después no solo es inolvidable para Casillas, sino también para todo el madridismo. Con tres brillantes intervenciones en la recta final del choque, consiguió contener el acoso alemán protagonizando una actuación providencial que se tradujo en la conquista de la Novena. Curiosamente, escasas semanas después fue otro sorprendente giro del destino el que le otorgó la titularidad con España en el Mundial de Corea, después de que Santiago Cañizares sufriese una insólita lesión tras la caída de un frasco de colonia que le impactó en el pie. Aunque pueda parecer cosa de brujería, Casillas demostró durante este campeonato que ya estaba preparado para ser el gran portero del fútbol español y del Real Madrid durante muchos años.

Y así fue a lo largo de las campañas posteriores, en las que mantuvo un sobresaliente nivel tanto en los buenos como en los malos momentos del equipo. Su leyenda se fue agigantando con actuaciones como la que protagonizó el 4 de octubre de 2009 en el Sánchez Pizjuán, donde firmó una antológica parada que es considerada la mejor de su carrera. El arquero logró lo imposible al correr de un palo a otro y protagonizar una increíble estirada para salvar un gol cantado del sevillista Diego Perotti, quien apenas se encontraba a dos metros de la línea de gol en el momento del disparo. A los títulos que conquistó con el Real Madrid se le sumaron también los éxitos históricos de una España a la que capitaneó, y que tuvieron, como colofón, la Copa del Mundo que alzó en Johannesburgo. Su condición de líder en el conjunto blanco quedó más que constatada y pasó a portar la capitanía a partir de la temporada 2010-2011, tras la marcha de Raúl González.

Sin embargo, las cosas cambiarían a partir del año 2013, el cual marcó un antes y un después en la trayectoria de Iker en el Real Madrid. Fue un punto de inflexión que, además, tiene un nombre propio, y ese es el de José Mourinho. El técnico portugués primero sorprendió durante un partido de liga en Málaga al relegar al «1» al banquillo; fue reemplazado por el canterano Antonio Adán en una decisión que Mourinho justificó esgrimiendo que este último «estaba mejor». Durante el siguiente partido frente a la Real Sociedad Casillas volvió a ponerse bajo los palos debido a la expulsión de Adán nada más arrancar el choque, pero terminó lesionado de la mano izquierda tras recibir una patada fortuita de su compañero Álvaro Arbeloa, una circunstancia que obligó al club a hacerse con los servicios de Diego López en el mercado de invierno, a quien Mourinho acabó manteniendo como titular hasta finalizar la temporada. La polémica estaba servida, ya que la prensa especuló con que las rencillas entre capitán y entrenador tenían más que ver con la guerra que existía en ese momento con el Barça de Guardiola. Se dijo que el entrenador luso había tomado represalias después de que el arquero quisiera mediar con algunos de sus compañeros de selección que jugaban en el conjunto blaugrana. Fuera o no así, lo cierto es que la polarización fue absoluta en esos meses.

Ni siquiera la marcha de Mourinho al finalizar el curso sirvió para que volviera a normalizarse la situación en la portería, pues durante la campaña siguiente el recién llegado Carlo Ancelotti trató de resolver el entuerto con una llamativa política de rotaciones, otorgando a Iker la titularidad en Copa y Champions, mientras que Diego López jugaría los partidos de liga. Curiosamente, el cuadro merengue acabó ese curso 2013-2014 conquistando las dos competiciones en las que jugó el mostoleño, quien levantó en Lisboa la tercera Champions de su carrera. Las cosas tampoco mejoraron demasiado para el «1» madridista durante la temporada 2014-2015, la cual acabaría siendo la última que jugó en el equipo de su vida. Con Keylor Navas como nueva competencia en el arco, Casillas sí gozó de la condición de titular, pero se vio expuesto a un ambiente enrarecido, llegando incluso a ser pitado por un sector de la grada del Santiago Bernabéu. Fruto de esta serie de circunstancias, el meta decidió poner punto y final a su etapa en el Real Madrid con su fichaje por el Oporto en el verano de 2015. Muy cuestionada fue también la forma en la que se produjo su salida, prácticamente por la puerta de atrás y despidiéndose con una rueda de prensa en solitario. No fue la imagen que cabría esperar para decir adiós a una leyenda indiscutible del club blanco, tal y como Florentino Pérez y el propio Casillas reconocieron tiempo más tarde.

A pesar de este extraño final, lo cierto es que durante los años posteriores ha quedado demostrado con creces que Iker siempre contará con el infinito cariño de club y afición. Así se comprobó tras el gran susto que dio en mayo de 2019 al sufrir un infarto de miocardio que le obligó a colgar los guantes. Afortunadamente, pudo recuperarse sin mayores problemas y comprobar cómo el madridismo se había volcado con él a través de innumerables mensajes y muestras de apoyo. No podía ser menos tratándose de Iker. Simplemente, el mejor guardameta en la historia del club blanco.

Iván Zamorano

Iván Zamorano era el prototipo de delantero centro a la antigua usanza. El chileno llevaba el gol en la sangre y, a pesar de no ser el típico nueve alto, fuerte y corpulento, compensaba todo ello con su astucia y su excelente habilidad para saltar y firmar remates de cabeza prodigiosos. A pesar de militar únicamente cuatro temporadas en el Real Madrid, dejó una huella imborrable con sus goles, que significaron títulos para el club en un lapso de tiempo muy corto.

Zamorano llegó al Real Madrid procedente del Sevilla, equipo en el que comenzó a mostrar sus condiciones y su facilidad de cara a puerta en España tras haber empezado su carrera en Chile y su posterior experiencia en Suiza con el St. Gallen. En el equipo andaluz se postuló como uno de los mejores rematadores de la liga, lo que provocó que en la planta noble del Santiago Berna-béu se fijaran en él para liderar el ataque blanco y heredar el 9 de otra leyenda madridista: Hugo Sánchez.

En su primera campaña defendiendo la elástica del Real Madrid cumplió las expectativas, anotando veintiséis goles en treinta y cuatro partidos de liga y haciendo gala de su voracidad. Tras su explosión realizadora en el primer año, Zamorano vivió una segunda temporada más discreta, quedándose en la rampa de salida en el verano de 1994. Sin embargo, el chileno no se rindió y revirtió la situación convenciendo a Jorge Valdano, por aquel entonces técnico del Real Madrid, a base de goles y grandes actuaciones, como el doblete que anotó en los prime-ros cinco minutos de partido en el encuentro inaugural de la temporada ante el Sevilla –el primero de ellos a los trece segun-dos– para reivindicarse y demostrar que podía seguir siendo el ariete del equipo. Aquel inicio supuso un punto de inflexión para Zamorano, que acabaría la temporada como pichichi con veintiocho tantos en su tercera reválida como delantero blanco y siendo clave en la consecución del título de liga.

Fue en aquella campaña cuando «Bam Bam», uno de los apodos que se granjeó a lo largo de su carrera, realizó su mejor encuentro como madridista, nada menos que en un clásico frente al Barcelona en enero de 1995. Zamorano anotó un *hat-trick* y participó en los dos tantos adicionales que le endosó el Real Madrid al conjunto blaugrana, allanando el camino a la consecución de su primera liga con el club. Además de aquel título, Zamorano logró una Copa de España, una Copa Iberoamericana y una Supercopa de España, completando el palmarés que consiguió en las cuatro temporadas que permaneció en la disciplina blanca.

El remate de cabeza era una de las principales armas de Zamorano, que ofrecía un *clinic* de testarazos prácticamente en cada balón colgado al área. El hecho de medir apenas uno con ochenta metros no limitaba en absoluto su capacidad rematadora y, gracias a los «muelles» que tenía para potenciar sus saltos, superaba con una facilidad pasmosa a los defensas rivales. Del mismo modo, el chileno era un nueve de la vieja escuela en cuanto a su tendencia a finalizar las jugadas al primer toque o, en su defecto, generarse posiciones de tiro de la forma más rápida posible.

Ciento un goles en ciento setenta y tres partidos avalan la trayectoria de Zamorano, que dejó un gran recuerdo en España gracias a su carisma goleador y a su intensidad y viveza sobre el terreno de juego. El chileno no tenía piedad cuando se trataba de perforar la meta rival, con un instinto acorde a su estatus de *killer* y una agresividad en los desmarques que siempre le permitía encontrar buenas situaciones de remate. Todas estas características le llevaron a superar la centena de goles y a erigirse en un referente ofensivo para el club.

Tras cuatro años de altibajos y muchos goles, Zamorano abandonó el Real Madrid para marcharse al Inter de Milán en 1996 y comenzar un nuevo ciclo en otra de las ligas más prestigiosas del continente europeo. En Italia dejó una de las curiosidades de su carrera, jugando con el dorsal 1+8 al tener que cederle el número nueve a Ronaldo, compañero en la delantera del conjunto milanista. Más allá de la anécdota, la historia de Zamorano deja a las claras la esencia del delantero centro que era, uno de los mejores de la historia contemporánea del Real Madrid por rendimiento y volumen anotador.

José Antonio Camacho

La trayectoria de José Antonio Camacho representa a la perfección la de un hombre nacido por y para el fútbol. El murciano comenzó a despuntar con el Albacete en primera regional y fue entonces cuando el Real Madrid se interesó por él y le incorporó al filial, el Castilla, en 1973. Su debut en el primer equipo no se hizo esperar demasiado, ya que se estrenó en esa misma temporada, el 3 de marzo de 1974, con solo dieciocho años. Fue Luis Molowny quien apostó por que diera el paso a la primera plantilla, un lugar que confirmaría con el técnico balcánico Miljan Miljanić, con quien se asentó en la titularidad en la temporada 1974-1975, y que ya no abandonaría hasta quince años después. Camacho disputó quinientos setenta y siete partidos con la camiseta blanca gracias a su pundonor, su entrega y un carácter ganador que le hizo erigirse en un líder en los momentos más importantes. La seguridad que aportaba a la zaga en el costado izquierdo, su zona de influencia, era un plus defensivo para el equipo, que contaba con un marcador de primer nivel capaz de secar a cualquier *crack* del equipo rival. Enfrentarse a él en el uno contra uno suponía todo un reto incluso para el atacante más habilidoso, pues tenía una concentración y una puntualidad fuera de lo común para medir sus entradas y aparecer al corte justo en el momento indicado para desbaratar el ataque rival. Para colmo, el murciano aportaba un despliegue físico que tenía su peso en el ataque, desdoblando y sirviendo centros al área para generar buenas opciones de remate.

Sin embargo, no todo fue un camino de rosas para Camacho, que sufrió una grave lesión de rodilla en 1978 que le obligó a perderse más de año y medio de competición. A pesar de ello, y haciendo gala de ese carácter luchador que poseía, el de Cieza

volvió con aún más fuerza de aquel percance, dejando claro que no se trataba de un futbolista cualquiera y que hacía falta mucho más para truncar una carrera que se presagiaba exitosa. Camacho vivió una esplendorosa etapa en el ámbito nacional, con el Real Madrid dominando la liga y el resto de trofeos domésticos, pero también le tocó saborear la amarga travesía europea en la Copa de Europa, en la que el club estuvo más de treinta años sin proclamarse campeón. No obstante, el murciano tuvo un papel muy protagonista en las dos Copas de la UEFA consecutivas que logró el equipo blanco en 1985 y 1986, colmando un palmarés muy destacado junto a las nueve ligas, cinco Copas de España, dos Supercopas de España y una Copa de la Liga que conquistó, sumando un total de diecinueve títulos como madridista.

Durante su etapa en el Real Madrid, Camacho vivió en primera persona la gestación de la gloriosa generación conocida como la Quinta del Buitre, en la que el equipo blanco arrasó a sus rivales en España en la segunda mitad de la década de los años ochenta con un fútbol liderado por aquella brillante camada de canteranos que irrumpieron en el primer equipo. El espíritu del jugador de Cieza era la otra bandera del Real Madrid, que se hizo con la capitanía del equipo merced a su personalidad, su coraje y el amor que rezumaba por el escudo, al cual defendía con una admirable entrega en cada partido.

Tras una exitosa trayectoria como jugador, gracias a la cual aún continúa en el top diez de futbolistas con más partidos de la historia del club y en la que acumuló ochenta y una internacionalidades con la selección española, Camacho se pasó al otro lado para convertirse en entrenador, disciplina en que también posee una dilatada carrera. El murciano fue técnico en las categorías inferiores del Real Madrid, además de ser segundo entrenador de Alfredo Di Stéfano y primero en dos ocasiones: 1998 y 2004. Fuera de la Casa Blanca ejerció como preparador en los banquillos del Rayo Vallecano, Sevilla, Espanyol, Benfica, Osasuna y, a nivel de selecciones, España y China. El carácter que demostró durante su etapa como jugador era extrapolable al que empleaba en su periplo en los banquillos, con arengas y reprimendas muy reconocibles en un hombre de su temperamento. Toda la intensidad que aplicaba en el terreno de juego la extendió a su faceta como técnico, aunque no pudo conseguir tantos logros como cuando defendía la casaca blanca desde la zaga madridista.

José Emilio Santamaría

La seguridad y sobriedad en la defensa del gran Real Madrid de finales de los cincuenta y principios de los sesenta la puso un uruguayo hijo de emigrantes gallegos. José Emilio Santamaría nació en Montevideo el 31 de julio de 1929 y comenzó a jugar al fútbol con sus compañeros de pupitre y amigos del barrio. El propio exjugador ha llegado a confesar que rompió muchos zapatos durante aquellos años jugando en campos de tierra con dos piedras como portería. Pese al disgusto de sus padres en ese momento, es evidente que acabó mereciendo la pena. Creció y se fogueó en un equipo de barrio como era el Atlético Pocitos, en un campeonato cuyos partidos solían ser muy broncos. Tras ingresar en 1945 en el equipo juvenil del Nacional de Montevideo, alternó la práctica del fútbol con su trabajo en un banco. Y con apenas diecisiete años le llegó la ansiada oportunidad de pasar a formar parte de la primera plantilla del Nacional.

A partir de ese momento, el defensor protagonizó un impecable ascenso que le llevó, entre otros logros, a brillar con la selección de Uruguay en el Mundial de 1954, donde los suyos alcanzaron las semifinales del torneo. El presidente del Real Madrid, Santiago Bernabéu, puso sus ojos en él y comenzó a seguir su trayectoria. En este sentido, también resultó fundamental la recomendación de Héctor Rial, quien antes de poner rumbo a la capital española había compartido vestuario con el charrúa en el Nacional y conocía perfectamente sus virtudes.

El conjunto blanco ya había comenzado su periplo ganador en España y Europa con un demoledor ataque formado por Di Stéfano y compañía. Sin embargo, y probablemente con cierto afán de menosprecio, una parte de la prensa solía decir que aquel equipo tenía «una delantera de esmoquin y una defensa de alpargata». En este contexto, el máximo mandatario decidió dar un golpe sobre la mesa en la primavera de 1957 con el fichaje de un futbolista más que contrastado para liderar la retaguardia. Santamaría daba completamente el perfil, ya que se había consagrado como uno de los mejores zagueros en el fútbol sudamericano y, a sus veintiocho años, estaba más que preparado para asumir nuevos retos en el viejo continente.

Pronto quedó comprobado que el acierto con su fichaje fue total. Su llegada cumplió los mejores pronósticos proporcionando ese salto de calidad necesario a la defensa madridista. En poco tiempo se convirtió en el indiscutible líder de la zaga haciendo gala de su jerarquía, solvencia, poderío aéreo y una buena salida de balón, propia de un central adelantado a su época. Muestra de su rendimiento inmediato fue el hecho de que durante su primer curso el conjunto merengue ganó la liga con contundencia y conquistó su tercera Copa de Europa tras imponerse al Milan.

Fue solo el principio de los numerosos éxitos que Santamaría disfrutaría como jugador blanco: sumó a su palmarés particular otras tres Copas de Europa, una Intercontinental, cuatro ligas y una Copa de España. En todos estos logros ejerció como mariscal de una defensa que compartió con varios jugadores, pero en la que él fue siempre inamovible. Tanto fue así que junto a Francisco Gento lideró la transición de aquel Madrid de Di Stéfano al de los yeyé, que acabaría obteniendo el sexto título continental. Es decir, fueron dos etapas bien diferenciadas del club que tuvieron como nexo común el indiscutible protagonismo del charrúa.

En el camino protagonizó grandes actuaciones, como la de la Copa Intercontinental de 1966 ante sus «eternos rivales» de Peñarol, cuya temible delantera se estrelló ante el muro defensivo liderado por Santamaría, con un cero a cero en Montevideo y un apabullante cinco a uno en Madrid. La amenazante dupla que formaban Just Fontaine y Roger Piantoni en el Stade Reims tampoco tuvo opción frente al hispanouruguayo en la final de la Copa de Europa de 1959. No faltan ejemplos de grandes atacantes de la época que no guardan un grato recuerdo de sus enfrentamientos con el futbolista de Montevideo, quien, a diferencia de otros defensas históricos, tampoco necesitaba ir al límite para frenar a sus rivales. Prueba de ello es que durante su etapa como merengue solo fue expulsado en una ocasión.

Tras nueve temporadas y trescientos treinta y siete partidos oficiales, Santamaría se despidió del fútbol y del Real Madrid por todo lo alto en 1966, a la edad de treinta y siete años. El agradecimiento a sus servicios por parte del club fue tal que se organizó un partido amistoso contra el Hamburgo a modo de homenaje. Como no podía ser de otro modo, todo el Santiago Bernabéu se puso en pie para despedirle. A su gloriosa etapa en el conjunto blanco hay que sumar, además, su periplo con la selección española, con la que fue internacional en dieciséis ocasiones. El defensor es uno de los pocos futbolistas que puede presumir de haber jugado dos Mundiales con países distintos.

Una vez colgó las botas, el hispanouruguayo comenzó su carrera como entrenador en las categorías inferiores del Real Madrid. Llegó incluso a ser el seleccionador nacional durante el Mundial de 1982, en el que su España ejerció como anfitriona. Sin embargo, los malos resultados que cosechó su equipo le llevaron a retirarse definitivamente del fútbol profesional tras aquella cita.

José María Gutiérrez, «Guti»

Nombrar a José María Gutiérrez, «Guti», es recordar, implícitamente, aquella maravillosa jugada que deslumbró al mundo del fútbol en Riazor, la cual, a su vez, define perfectamente el tipo de jugador que era el madrileño: puro talento. Aquella mágica noche del 30 de enero de 2010, Guti encaraba la portería del Deportivo de La Coruña ante el guardameta local, pero, lejos de precipitarse y definir de cualquier manera, el «14» madridista decidió inmortalizar una obra de arte que perdurará como una de las mayores muestras de la genialidad del futbolista de Torrejón, dejando boquiabiertos a propios y extraños con un taconazo que permitió a Benzema marcar a placer mientras esbozaba una sonrisa cómplice. Entre genios andaba el juego.

Canterano y madridista desde muy pequeño, Guti pasó veinticuatro temporadas en el club de sus amores, quemando todas las etapas desde las categorías inferiores hasta convertirse en capitán y jugador importante en el primer equipo y erigirse, posteriormente, en una leyenda de la entidad. Ya desde sus primeros pasos, todos los indicios apuntaban a que se trataba de un futbolista muy especial, y vaya si lo fue. Su exquisita técnica y su capacidad para filtrar pases que solo estaban al alcance de los grandes *cracks* encandilaron al Santiago Bernabéu, como también lo hizo su amor incondicional por el escudo que vestía.

Zurdo, elegante y rebosante de clase, Guti debutó en el primer equipo de la mano de Jorge Valdano, aunque seguro que por entonces no imaginaba que disputaría quinientos cuarenta y dos partidos con la casaca blanca, lo que le situaría muy cerca del top diez de jugadores con más encuentros en la historia del Real Madrid. En lo que a títulos se refiere, el de Torrejón no se queda muy atrás, con quince trofeos que conforman un palmarés envidiable: tres Copas de Europa, dos Copas Intercontinentales, una Supercopa de Europa, cinco ligas y cuatro Supercopas de España.

Pero, a pesar de todos sus logros, a Guti siempre le acompañó la etiqueta que suele ir asociada a la mayoría de genios del fútbol: la irregularidad y la falta de constancia. El «14» era capaz de lo mejor y lo peor sobre el terreno de juego, combinando actuaciones para el recuerdo con otras que estaban lejos de serlo. Su carácter indomable no dejaba indiferente a nadie, como tampoco lo hacía su don para provocar emociones incontenibles merced a sus trucos en el último tercio de campo.

Como suele ocurrir en estos casos, la naturaleza intrínseca que define al genio, esa habilidad para convertir en realidad cosas que otros ni siquiera pueden imaginar en el plano futbolístico, eclipsaba cualquier atisbo de reproche por un hipotético lamento a tenor de sus momentos más complicados. Guti, como los grandes artistas, a veces simplemente necesitaba evadirse para encontrar inspiración.

Desde su posición natural, en la que él realmente disfrutaba jugando, la media punta, firmó un catálogo de pases y asistencias dignos de un talento tan especial como el suyo. Por si fuera poco, el madrileño anotó la nada desdeñable cifra de setenta y siete goles durante su dilatada carrera en la primera plantilla, con etapas más realizadoras en las que se ubicaba en demarcaciones más cercanas a la posición de delantero centro.

A pesar de tener que competir cada temporada con la llegada de grandes *cracks*, un proceso lógico en un club de la envergadura del Real Madrid, Guti siempre entró en los planes de todos los técnicos que pasaron por la Casa Blanca, algo que adquiere aún más mérito si se tiene en cuenta que permaneció catorce años en el primer equipo madridista. Su talento, imposible de obviar, aunaba la precisión quirúrgica para percutir en cualquier hueco mediante un pase inverosímil y la capacidad para hacer saltar por los aires cualquier sistema defensivo rival.

En su despedida como jugador del Real Madrid, Jorge Valdano, su principal valedor cuando le hizo debutar en el primer equipo, ya anticipó su estatus de leyenda: «Se va un jugador único que nos ha acompañado de manera muy especial. Siempre ha sido capaz de sorprendernos y es un jugador de culto, un verdadero madridista que ha dado los mejores momentos de su vida a este club. Se va con todos los honores», declaró el argentino.

Guti, con la complejidad y la concisión que en las grandes personalidades confluyen, se despidió con la devoción que desprendía su pasión por el club blanco: «Me gustaría ser recordado como un madridista», declaró con una sonrisa repleta de emoción. Sin embargo, a pesar de admirar y reconocer su talento y su trayectoria, quedará la eterna duda de hasta dónde habría llegado el «14» si su rendimiento hubiese sido más constante. Pero, más allá de la ficción, lo cierto es que Guti siempre permanecerá como uno de esos futbolistas imposibles de olvidar.

José María Zárraga

Era incansable en el centro del campo, donde corría y corría para hacer la vida más fácil al resto de sus compañeros. Además, llegó a ser capitán en el histórico Madrid de Di Stéfano, donde fue partícipe del hito de las cinco Copas de Europa, levantando las dos últimas conquistadas ante Stade de Reims y Eintracht de Frankfurt. Nacido en el barrio de Las Arenas de Getxo (Vizcaya) en 1930, el primer contacto de José María Zárraga con el fútbol tuvo lugar en las playas de su tierra natal, donde fantaseaba con seguir los pasos del ídolo de su niñez, el futbolista del Athletic José Luis Panizo. En cuanto a su trayectoria deportiva, esta comenzó en el equipo del colegio San Agustín, de donde pasó al Acción Católica y de ahí al Academia de Algorta. Posteriormente se produjo su salto a primera regional con el Iberia de Erandio, donde empezó a destacar como centrocampista, y acabó fichando por un histórico como es el Arenas de Getxo, que por aquel entonces militaba en tercera división.

En 1949 sus estudios universitarios le llevaron a tener que trasladarse a la capital, circunstancia que fue aprovechada por el Real Madrid para incorporarlo, si bien en un principio permaneció en el equipo filial, el Plus Ultra, para seguir acumulando experiencia. Su ascenso al primer equipo se produjo en 1951 y debutó en la sexta jornada del campeonato liguero ante el Valencia. Aunque en un principio ocupaba el puesto de extremo derecho, con el paso del tiempo terminó siendo ubicado como centrocampista izquierdo, posición en la que terminaría triunfando y consolidándose. Su primera pareja en la medular del equipo fue otro ilustre como Miguel Muñoz, con el que formó un tándem fundamental a la hora de sostener al equipo, que por entonces solía jugar con un esquema 3-2-5. Mientras que Muñoz era de perfil más ofensivo, Zárraga era el encargado de blindar la medular y hacía un importante trabajo en labores de contención. Ese mismo rol también lo desempeñó después durante varias campañas junto a Juan Santisteban, otra de sus parejas de baile más habituales.

El futbolista vasco no solo insuflaba oxígeno al conjunto blanco gracias a su fuerza y despliegue físico, sino que también destacaba por ser muy correoso en los marcajes individuales. En este sentido, protagonizó actuaciones muy recordadas, como su estrecha vigilancia a Schiaffino, figura ofensiva del Milan a la que logró frenar en la final de 1958, que supuso la tercera Copa de Europa para el Real Madrid. Curiosamente, también hizo lo propio marcando a Raymond Kopa en la final de la Copa Latina que enfrentó al conjunto merengue con el Stade de Reims en 1955, poco antes de que ambos jugadores acabasen compartiendo vestuario tras la llegada del atacante francés.

Sin hacer excesivo ruido, fue casi siempre un fijo en las alineaciones y se constituyó como baluarte del equipo madridista durante las trece temporadas que permaneció, en las que disputó trescientos tres partidos oficiales. Cosechó un palmarés de lo más envidiable, conquistando cinco Copas de Europa, una Copa Intercontinental, seis ligas, una Copa de España y dos Copas Latinas. Además, su gran rendimiento también le valió la llamada de la selección española: fue internacional hasta en ocho ocasiones, una cifra nada desdeñable teniendo en cuenta que durante aquella época los partidos entre combinados nacionales no eran tan habituales.

Sus grandes virtudes futbolísticas solo podían ser opacadas por su extraordinaria humanidad fuera del terreno de juego. Como veterano del vestuario siempre destacó por su proximidad a los más jóvenes, actuando como un hermano mayor o un padre. Dicen que siempre tenía las palabras adecuadas o el consejo más acertado para muchos de sus compañeros, un carácter ejemplar que también subrayó el presidente Santiago Bernabéu después de que el futbolista decidiera poner punto y final a su etapa en el Real Madrid y a su carrera deportiva en 1962, a la edad de treinta y dos años. Para rendirle homenaje y darle el adiós definitivo se organizó un partido amistoso ante el Manchester United.

No obstante, su vinculación al club blanco no finalizó con su etapa como futbolista, ya que en 1963 obtuvo el título de entrenador (fue el número uno de su promoción) y se incorporó al cuerpo técnico madridista para, posteriormente, también dirigir a otros equipos, como el Málaga y el Real Murcia. Además, tuvo una dilatada trayectoria como directivo, siendo nombrado gerente del Valencia en 1972 y del Deportivo Alavés en 1980. Cabe destacar que durante su etapa en el club vitoriano ostentó el mérito de ser el descubridor de un joven Jorge Valdano, quien años más tarde también triunfaría sobre el césped del Santiago Bernabéu. Zárraga falleció el 3 de abril de 2012, a la edad de ochenta y un años. El que fuera leal escudero de Di Stéfano, Gento y compañía ahora brilla junto a ellos como una estrella más.

José Martínez,
«Pirri»

La palabra leyenda se inventó para definir a personalidades como José Martínez, «Pirri». El futbolista ceutí es uno de los mayores exponentes del madridismo y de los valores que representa pertenecer a una institución del calado del Real Madrid. Tras comenzar su carrera en el equipo de su tierra, el Atlético de Ceuta, pasó al Granada, donde empezó a destacar hasta llamar la atención del equipo blanco, que acabó firmándole en 1964. Era el primer paso de una longeva carrera en la capital, donde permaneció dieciséis temporadas como jugador en las que acumuló un sinfín de éxitos y recuerdos deportivos inolvidables para los aficionados madridistas.

Para entender la dimensión de Pirri basta con mencionar dos anécdotas que describen a la perfección el tipo de jugador que era. Su resiliencia le llevó a jugar una final de la Recopa de Europa ante el Chelsea con un brazo en cabestrillo, a pesar de haberse roto el radio, y una final de Copa con la mandíbula rota y otra con la clavícula fracturada. El ceutí era un hombre cuyo umbral del dolor y su capacidad de sufrimiento tenían connotaciones sobrehumanas. Como gesto de distinción por su compromiso y por representar los valores del madridismo, Santiago Bernabéu le otorgó la Laureada del club, convirtiéndose en el primer madridista en obtener la insignia de oro, brillantes y laureles por su desempeño, un honor al alcance de muy pocas personas.

Su debut con el Real Madrid se produjo en un partido frente al Barcelona, en el estadio Santiago Bernabéu, gracias a la valentía de Miguel Muñoz, que apostó por él sin dudarlo. En plena etapa de transición tras la salida de pesos pesados del vestuario, Pirri fue uno de los jóvenes que tiraron del carro hasta iniciar una nueva era en la entidad blanca, con aquel equipo formado

íntegramente por futbolistas españoles, el Madrid yeyé, que trajo a las vitrinas la sexta Copa de Europa en 1966. Además, durante los dieciséis años que permaneció en la disciplina blanca, Pirri ganó diez ligas y cuatro Copas de España con un Real Madrid que dominaba con tiranía el fútbol español.

Al margen de su carácter y de su fortaleza física y mental, el ceutí destacaba por su polivalencia sobre el terreno de juego. Tuvo tiempo para jugar en la defensa, en la ya prácticamente extinta posición de líbero, en el centro del campo e, incluso, en la delantera, aunque de forma esporádica. Sin embargo, a pesar de no ser un atacante, Pirri anotó ciento setenta y dos goles en quinientos sesenta y un partidos, unas cifras sobresalientes para un jugador cuya demarcación, al menos sobre el papel, quedaba lejos del área rival. Tanto su gen competitivo como su capacidad goleadora eran algo fuera de lo común, y esa combinación de cualidades le convertía en un jugador único.

Pirri era sinónimo de garra y pundonor, de ese ADN que inculca el hecho de defender la camiseta del Real Madrid y que empuja a creer hasta el final, por muy adverso que pueda llegar a parecer el contexto al que te enfrentes. Pero también era un futbolista con una llegada al área y un instinto realizador que le elevaban a una categoría superior. A lo largo de su dilatada trayectoria en el club vivió todo tipo de experiencias y fue capaz de sobreponerse a los obstáculos en forma de lesiones que fueron apareciendo en su camino, porque a Pirri era imposible amedrentarle. La lucha, el esfuerzo y el sacrificio eran innegociables en su idiosincrasia, unos valores que enamoraron a la grada del Santiago Bernabéu y le convirtieron en un ídolo para los aficionados madridistas.

Con la selección española fue internacional en cuarenta y una ocasiones y, tras poner fin a su carrera deportiva, Pirri completó sus estudios en Medicina con un doctorado que le sirvió para ejercer como jefe de los servicios médicos del Real Madrid durante más de una década. Posteriormente, también tuvo presencia en el organigrama como director técnico y director general deportivo, demostrando que su amor por el club iba más allá de cualquier cargo. Como colofón a una vida dedicada a la entidad blanca, Florentino Pérez le nombró presidente de honor a finales de 2023 y cumplió, con ello, uno de los sueños del ceutí. Sin duda, es uno de los nombres propios de la historia del Real Madrid, pues contribuyó a extender el legado del club a través de todas las áreas en las que ha tenido presencia, desde el césped hasta los despachos.

José Miguel González, «Míchel»

Irrumpió como uno de esos jugadores que desde el primer momento parecen estar tocados por una varita mágica. A José Miguel González Martín del Campo, más conocido como «Míchel», ni siquiera se le resistió el gol durante su debut con el primer equipo del Real Madrid, por el que fue convocado para un partido ante el Castellón disputado el 11 de abril de 1982. Ante la huelga de futbolistas que asolaba en ese momento al fútbol español, el técnico Luis Molowny tuvo que configurar un once formado en su totalidad por futbolistas del Castilla, y entre ellos se encontró quien ya era considerado por entonces una de las grandes promesas de la cantera madridista. Cuando corría el minuto treinta y cuatro de partido, el joven extremo de diecinueve años protagonizó una gran acción individual por banda derecha y buscó a su compañero Francesc Julià con un centro raso. La jugada terminó en penalti y fue el propio Míchel, sin arrugarse lo más mínimo, quien asumió la responsabilidad del lanzamiento y anotó el que terminaría siendo el tanto decisivo del choque.

A pesar de este debut de ensueño, el centrocampista no tuvo un camino sencillo y le llevó su tiempo asentarse en la primera plantilla. Fueron dos años de mucha incertidumbre, en los que el jugador acostumbraba a levantarse sobresaltado por las noches debido a que temía que el club quisiera desprenderse de él. Tampoco le resultó nada tranquilizador en este aspecto el ver cómo el resto de integrantes de la Quinta del Buitre comenzaban a entrar en las convocatorias del primer equipo, lo que alimentaba esa sensación de estar quedándose rezagado respecto al resto de sus compañeros, unos miedos que podían resultar comprensibles tratándose de un jugador tan joven y con ansias de derribar la

puerta, pero lo cierto es que su progresión no invitaba a tener tantas dudas. Míchel ya era en ese momento una de las grandes figuras de aquel Castilla que hizo historia proclamándose campeón de segunda en 1984 y que generaba máxima expectación abarrotando el Santiago Bernabéu de espectadores en cada partido como local.

Sin embargo, todo cambió definitivamente a partir de la temporada 1984-1985, en la que el futbolista no solo consiguió entrar en los planes del entrenador Amancio Amaro, sino que además se afianzó enseguida como titular indiscutible. Su «guante» en el pie derecho se convirtió en una de las principales armas del conjunto merengue, ya que de sus centros con precisión milimétrica se beneficiaron muchos de sus compañeros. Por si fuera poco, tenía una facilidad sorprendente de cara al gol, tal y como demostró en citas señaladas que tuvieron lugar durante aquel curso, como la remontada contra el Inter en semifinales de Copa de la UEFA, en la que fue decisivo al anotar el tres a cero definitivo que volteó la eliminatoria. En la ida de la final ante el Videoton, el «8» volvió a lucirse con un gol y dos asistencias que lo hicieron determinante para que los blancos acabaran alzando el título europeo. Le había costado llegar, pero, en cuanto lo consiguió, ya nunca más se desprendió de esa aura de estrella que le rodeaba. Y ya no solo por su excelente rendimiento a nivel futbolístico, sino también por un carácter que le convirtió en el hombre más carismático de aquella Quinta del Buitre y en el ojito derecho de buena parte de la hinchada madridista.

A partir de su segundo curso en el conjunto blanco, se produjo la consagración a todos los niveles. El equipo volvió a proclamarse campeón de la Copa de la UEFA y comenzó a instaurar su dominio en liga al ganar el primero de los cinco títulos consecutivos que acabaría conquistando. Todo ello con Míchel como uno de los principales puntales ofensivos, quien lo jugó absolutamente todo y arrancó la temporada con un memorable *hat-trick* contra el Valencia. De este modo, comenzaron los años dorados para el centrocampista, a quien solo se le terminaría resistiendo aquella

Copa de Europa que siempre será la espina clavada de su generación. La fatídica eliminación ante el PSV en las semifinales de 1988 o las sucesivas contra el todopoderoso Milan de Arrigo Sacchi fueron especialmente dolorosas para el «8», quien ya era considerado por entonces uno de los grandes jugadores de Europa y llegó a ocupar el cuarto lugar en la clasificación del Balón de Oro de 1987. Quizá no pudo coronar su gran momento con la obtención de la máxima competición continental, pero sí dejó duelos para la posteridad, como los que protagonizaba frente al milanista Paolo Maldini.

Todo ello por no hablar de que cada fin de semana era un auténtico espectáculo ver jugar a Míchel y a los suyos. Gracias en buena medida a su calidad, aquel Real Madrid de la segunda mitad de los ochenta fue uno de los más bellos y vertiginosos que se recuerdan a nivel de fútbol. Fueron incontables las ocasiones en las que delanteros como Emilio Butragueño o Hugo Sánchez se sirvieron de las asistencias de Míchel para perforar la portería rival. Bien es cierto que el jugador también tuvo en momentos puntuales sus más y sus menos con una grada que lo adoraba mayoritariamente, pero que en ocasiones lo señaló quizá de manera algo injusta. En este sentido, resulta especialmente recordado lo sucedido durante un duelo ante el Espanyol disputado en junio de 1989, en el que el centrocampista decidió abandonar el terreno de juego en pleno partido porque estaba harto de escuchar los silbidos del Santiago Bernabéu cada vez que tocaba el balón. Tras aquella «espantada» incluso se mostró dispuesto a dejar el club, aunque afortunadamente la situación se pudo reconducir y Míchel siguió haciendo historia como jugador merengue.

Con el paso de los años, esta clase de polémicas fueron menguando y se vio la versión más madura y centrada del «8», quien mantuvo un excelente nivel durante el primer lustro de los noventa. Y es que, si hay otra cosa destacable de la trayectoria de Míchel como madridista, esa es su regularidad: su rendimiento siempre fue notable como mínimo. A pesar de que el declive de los jugadores solía llegar antes todavía en aquella época (así sucedió en los casos de otros integrantes de la Quinta, como Butragueño o Martín Vázquez), el centrocampista siguió ofreciendo su mejor fútbol pasada ya la treintena. En este sentido, tan solo una gravísima lesión en la rodilla izquierda, sufrida durante la temporada 1994-1995, pudo truncar su esplendorosa etapa en el Bernabéu. Tuvo tiempo para volver y jugar durante una campaña más, hasta despedirse de sus aficionados el 19 de mayo de 1996. Lo hizo por todo lo alto, firmando dos goles ante el Mérida y besando el césped del coliseo blanco antes de marcharse sustituido entre lágrimas, una emotiva imagen que sirve para definir lo que fue Míchel por encima de todo. Más allá de su calidad y su carisma, de sobra conocidos, lo cierto es que pocas veces un futbolista ha sabido marcharse con tanta dignidad y demostrando tener un corazón puramente madridista. Por algo fue el ídolo de toda una generación.

Han pasado y seguirán pasando otros grandes futbolistas por esa banda derecha, pero Míchel siempre será Míchel.

Juan Gómez,
«Juanito»

Si existe un cántico célebre y reconocible en el madridismo, ese es el que resuena en el minuto siete de cada partido. «Illa, illa, illa, Juanito maravilla» es el homenaje que la afición del Santiago Bernabéu realiza con asiduidad a una figura muy importante en la historia del Real Madrid. La carrera de Juan Gómez, «Juanito», estuvo plenamente ligada a ese dorsal 7 que portaba en el conjunto blanco, al que llegó, casualmente, en 1977. El malagueño venía de realizar una brillante campaña en el Burgos, que lo consolidó en primera división con un rendimiento que le llevó a ser internacional con España.

En el Real Madrid disputó diez temporadas en las que dejó momentos inolvidables y mágicos que desataron grandes ovaciones en el coliseo blanco. El impacto de Juanito fue notable desde su primera campaña, con un estreno muy destacado en el Camp Nou en un encuentro que el Real Madrid venció por dos a tres gracias, en parte, a una gran asistencia del «7» para que Stielike sentenciara el partido. Aquel comienzo fue muy prometedor y su primer año en la Casa Blanca se culminó con el primer título de liga para el de Fuengirola, que iniciaba una etapa muy prolífica.

Su carácter ganador y su temperamento fuera de lo común conquistaron rápidamente al público, que vio en Juanito a un ídolo en ciernes, capaz de levantar a la grada con sus jugadas inverosímiles y su habilidad para superar rivales. El malagueño se hizo con la banda derecha del Real Madrid y fue uno de sus jugadores más destacados durante la década que pasó en el club regalando numerosos momentos históricos para la entidad. Sus arrancadas y zigzagueos por el extremo del campo eran toda una institución, con autopases, regates y acciones rebosantes de un talento genuino.

Sus cifras goleadoras fueron igualmente notables: ciento veintiún tantos en cuatrocientas una apariciones con la camiseta blanca e, incluso, un Trofeo Pichichi conseguido en la temporada 1983-1984, con lo que dejó patente que su inagotable calidad no estaba reñida con la faceta anotadora. Su corazón, blanco de solemnidad, escondía una personalidad arrolladora y extremadamente pasional e impulsiva que en ocasiones le jugó malas pasadas. Su espíritu indomable y repleto de fe le llevó a convertirse en un emblema de las remontadas madridistas tras pronunciar la archiconocida frase «noventa *minuti* en el Bernabéu son *molto longo*» después de perder dos a cero en la ida de las semifinales de la Copa de la UEFA ante el Inter de Milán, en 1985. En el partido de vuelta, el Real Madrid cumplió la profecía de Juanito con un tres a cero que sirvió para revertir el marcador y pasar a la final, en la que el equipo blanco superó al húngaro Videoton y acabó levantando el título tras casi veinte años de sequía en competiciones europeas.

Paradójicamente, la temporada siguiente se repitió la historia en el mismo torneo, con dos remontadas históricas ante el Borussia Mönchengladbach y el propio Inter, que volvió a caer en un partido de vuelta épico en el Santiago Bernabéu. El Real Madrid levantó primero un cinco a uno en tierras alemanas y luego le endosó un cuatro a cero al conjunto germano en el segundo encuentro, y, posteriormente, de nuevo en semifinales, se sobrepuso a un tres a uno en la capital italiana venciendo por cinco a uno al Inter en un estadio madridista eufórico por una nueva gesta europea.

Aquellos dos títulos continentales se sumaron a las cinco ligas, dos Copas del Rey y una Copa de la Liga que conquistó Juanito, que dejó una decena de trofeos en su etapa como jugador del Real Madrid. Con España sumó treinta y cuatro internacionalidades, participando en dos Mundiales y una Eurocopa, defendiendo los colores del combinado nacional con la misma pasión con que vestía la elástica blanca.

El trágico final del malagueño, fallecido en 1992 en un accidente de tráfico mientras regresaba a Extremadura después de ver un encuentro europeo entre el Real Madrid y el Torino, truncó de raíz sus prometedores inicios en los banquillos, puesto que ese mismo año había iniciado su carrera como entrenador del Mérida de forma muy exitosa. Muchos le auguraban una trayectoria brillante como técnico, y quién sabe si hubiese acabado dirigiendo a su adorado Real Madrid, que, todavía hoy, en cada partido, sigue recordándole con su maravilloso cántico.

Képler Laverán Lima,
«Pepe»

La noticia saltaba en julio de 2007. El Real Madrid de Ramón Calderón había pagado la friolera de treinta millones de euros para hacerse con los servicios de un central de veinticuatro años que llegaba procedente del Oporto. Su nombre era Képler Laverán Lima Ferreira, más conocido por todos como Pepe. En una época en la que hacer semejante desembolso por un defensa todavía se consideraba como algo extraño e incluso sospechoso, el futbolista nacido en Brasil y nacionalizado portugués acaparó más titulares y debates por lo que había costado que por lo que podía aportar sobre el césped. Como siempre, el tiempo lo acabaría poniendo todo en su sitio. El luso marcó una época en la zaga del conjunto blanco repleta de éxitos, y de los famosos treinta millones ya prácticamente nadie se acordaría con el paso de los años.

La realidad es que el club blanco había incorporado a un futbolista que reunía todas las condiciones para ser uno de los mejores del mundo en su posición. Durante su etapa en Portugal ya había hecho gala de su contundencia, rapidez al corte, poderío aéreo y colocación, entre otras virtudes, llamando así la atención de los grandes del continente. No se lo pensó demasiado el Real Madrid a la hora de firmarlo, y ahí heredó Pepe el dorsal 3, que hasta esa temporada había pertenecido a un histórico como Roberto Carlos. El luso demostró personalidad desde el primer momento y no le pudo la presión. Durante su primer curso en el Santiago Bernabéu consiguió ganarse la confianza del técnico Bernd Schuster y acabó siendo titular indiscutible en un equipo que ese año conquistó el título de liga. Ya por entonces, comenzó a ganarse a la parroquia madridista con actuaciones destacadas, como la que protagonizó en el Camp Nou el 23 de diciembre de 2007, donde fue clave para el triunfo por cero a uno de los suyos. El ex del Oporto firmó su primera exhibición defensiva logrando secar a figuras que en campañas anteriores habían sido una auténtica pesadilla para los blancos, como Ronaldinho y Eto'o.

En su segunda temporada como merengue, Pepe mantuvo la condición de intocable tanto con Schuster como con Juande Ramos, quien sucedió al alemán en el banquillo a mitad de curso. Sin embargo, fue en la recta final de esta campaña cuando tuvo lugar un fatal episodio que marcó para siempre la trayectoria del portugués. Ocurrió en el duelo liguero frente al Getafe disputado el 21 de abril de 2009, en el que el «3» perdió los papeles y pateó a Javier Casquero cuando se encontraba en el suelo, además de propinar un puñetazo a Albín tras ver la consiguiente tarjeta roja. La dura sanción de diez partidos que tuvo que cumplir fue lo de menos, pues al jugador desde entonces le acompañó una fama negativa de la que le costó mucho desprenderse. Pese a lo injustificable de aquella acción, lo cierto es que el central no fue habitualmente el futbolista duro y violento que muchos se empeñaron en dibujar desde entonces, y eso es algo que se puede comprobar con los números en la mano. Basta decir que el luso registró un promedio de más faltas recibidas que cometidas por encuentro y, además, no volvió a ser expulsado en sus últimas cinco temporadas en el Real Madrid.

En cualquier caso, más allá de lo que pudieran decir los rivales, el zaguero acabó convirtiéndose en uno de los principales bastiones defensivos del conjunto blanco. En este sentido, resultó fundamental la llegada de José Mourinho al banquillo en el verano de 2010. Bajo la dirección de su compatriota, Pepe se consolidó como un jugador de categoría mundial en su posición. Una vez más, hay que destacar en este aspecto las sobresalientes actuaciones que protagonizó frente al Barça de Pep Guardiola. En aquellos duelos repletos de tensión, el «3» incluso llegó a brillar como mediocentro defensivo y se convirtió en el antídoto contra Messi, al que frenó en varias ocasiones con un estrecho marcaje individual. Sin embargo, fue precisamente en uno de estos lances cuando el luso se vio protagonista de otra de las mayores polémicas que se recuerdan en la historia de los clásicos. Hablamos de lo sucedido el 27 de abril de 2011 durante el choque correspondiente a la ida de semifinales de Champions, en el que el zaguero fue expulsado en el minuto sesenta y uno tras una patada a Dani Alves. Aquella rigurosa roja directa marcó el devenir de una eliminatoria que se llevaron los azulgranas y provocó un histórico estallido de Mourinho en la posterior rueda de prensa.

Durante la última campaña del técnico de Setúbal al frente del Real Madrid, las cosas se torcieron y Pepe se convirtió en uno de los futbolistas que encabezó la rebelión en el vestuario. Bien es cierto que en ese momento ya asomaba con fuerza un Raphael Varane que había puesto en entredicho la titularidad del luso, algo que ayuda a entender ese distanciamiento entre jugador y entrenador. La realidad es que Pepe todavía tenía mucho que dar al conjunto merengue y así lo demostró durante el posterior periplo de Carlo Ancelotti, cuando probablemente alcanzó su mayor nivel de esplendor. Bajo la batuta del técnico italiano, se vio a un futbolista más maduro y comedido, pero sin perder la contundencia defensiva que siempre le caracterizó. Sus grandes actuaciones fueron fundamentales en el camino a la Décima, si bien no pudo disputar la final de Lisboa a causa de una lesión muscular. El futbolista nacido en Maceió pudo sacarse esa espina dos años después en la final de Milán, donde sí gozó de la titularidad ya bajo las órdenes de Zinedine Zidane.

Ya en el siguiente ejercicio, lo cierto es que las cosas no fluyeron del todo entre Pepe y el entrenador francés, pues este último se decidió a dar el relevo a Varane en el centro de la zaga, con la consiguiente suplencia del portugués en las citas decisivas. Tras no lograr alcanzar un acuerdo con la directiva para la renovación de su contrato, decidió abandonar el Real Madrid en junio de 2017. Lo agrio de esta salida no debe opacar para nada todo lo que significó el central luso, quien con su carácter y entrega se ganó a pulso un hueco en la historia del club blanco y en el corazón de los hinchas madridistas. Y es que lo que nunca nadie le podrá discutir es que se dejó todo en el campo por defender el escudo del Real Madrid.

Karim Benzema

Karim Benzema se ha ganado el derecho a ser considerado uno de los genios futbolísticos más destacados de las últimas décadas. El jugador francés, fichado desde el Lyon en aquel inolvidable verano de 2009 en el que también llegaron a la Casa Blanca jugadores de la talla de Cristiano Ronaldo, Kaká o Xabi Alonso entre otros, aterrizó en Madrid con solo veintiún años dispuesto a convertirse en el «9» de referencia que el club necesitaba. Ahora, una vez finalizada su etapa en el Real Madrid, ya se puede afirmar sin miedo a equivocarse que su rendimiento estuvo a la altura de la gran apuesta que hizo Florentino Pérez, uno de sus principales valedores, para firmar al atacante galo.

Pero la trayectoria de Benzema en el Real Madrid no siempre fue un camino de rosas, ya que hubo etapas en las que su puesto en el once inicial no estaba ni mucho menos asegurado al coexistir con otros grandes delanteros. Sin embargo, con el paso de los años, el francés fue destapando el tarro de las esencias hasta alcanzar un estatus de futbolista total. Su concepción de la posición de «9» iba mucho más allá de ser un mero goleador e interpretaba un papel de delantero organizador que creaba un ecosistema del que se beneficiaban sus compañeros en la punta del ataque. No es casualidad que un tridente tan importante como la «BBC», que Benzema formaba junto a Bale y Cristiano Ronaldo, tuviera en el galo a su punta del triángulo, siempre dispuesto a conectar con sus otros dos vértices.

Su interpretación del juego siempre resultó brillante, impropia de un *killer*, lo cual no era óbice para que Benzema comenzara a protagonizar unas cifras goleadoras a la altura de un nueve de época. Su primera campaña en el Real Madrid fue la más complicada a nivel anotador, pero en sus siguientes seis temporadas siempre alcanzó o superó la veintena de tantos. El rol del francés iba mucho más allá de perforar la meta rival, ya que, con socios del nivel de Cristiano Ronaldo, por ejemplo, Karim hacía gala de sus dotes como asistente y generador de espacios para sus compañeros en la delantera. Esa sociedad con el astro portugués dejó unos registros goleadores que ayudaron al club blanco a vivir una de las etapas más prolíficas de su historia, retroalimentándose entre ambos para finalizar sus carreras como madridistas en el top dos de goleadores de la historia del club, tanto en liga como en Champions League.

Con la marcha de Cristiano Ronaldo en el verano de 2018, Benzema tuvo que asumir un nuevo reto y convertirse en la figura de referencia del ataque blanco a nivel goleador. Y vaya si lo hizo… El francés vivió una época dorada liderando la delantera del Real Madrid y llegó a firmar su mejor temporada en la 2021-2022, cuando anotó más de cuarenta goles entre todas las competiciones, siendo el máximo realizador en la Champions League y la liga y aupando al Real Madrid hasta conseguir ambos títulos. Aquella campaña, además, derivó en la consecución del prestigioso Balón de Oro, una distinción más que merecida por la increíble temporada que había protagonizado el lionés, que fue pieza clave en una de las ediciones más épicas que se recuerdan de la Copa de Europa y en la que el Real Madrid firmó eliminatorias llenas de magia y remontadas que agrandaron su leyenda en el torneo gracias a sus actuaciones ante Chelsea, Paris Saint-Germain y Manchester City.

Pero su idilio con la máxima competición continental no acaba ahí. El francés figura en el top cuatro de goleadores de la historia de la Champions League, con tantos tan importantes como el que anotó en la final de Kiev en 2018, que sirvió para abrir la lata de un partido que significó la consecución de la decimotercera Copa de Europa para el conjunto blanco, con una acción de pura astucia al interceptar un saque con la mano del portero y sellando un gol que siempre será recordado como el paradigma de la inteligencia que el galo tenía sobre el terreno de juego.

En total, Benzema anotó trescientas cincuenta y cuatro dianas durante las catorce temporadas que disputó en el Santiago Bernabéu y se erigió en uno de los futbolistas más laureados de la historia blanca, con veinticinco títulos: cinco Champions League, cinco Mundiales de Clubes, cuatro Supercopas de Europa, cuatro ligas, tres Copas del Rey y cuatro Supercopas de España. Una leyenda con mayúsculas.

Kylian Mbappé

Tras años de coqueteo y de vivir una historia de amor que por momentos parecía no correspondida, los caminos de Kylian Mbappé y el Real Madrid se cruzaron en el verano de 2024. La relación con la Casa Blanca se truncaba siempre por diversos motivos. Sin embargo, la aparente distancia entre el astro galo y el club madridista se diluyó en el momento en que, por fin, dijo sí al proyecto y se embarcó en el reto más grande de su carrera.

La trayectoria de Mbappé ha estado marcada por su fulgurante aparición en el fútbol francés. Su irrupción en el Mónaco maravilló al fútbol europeo, provocando que el Paris Saint-Germain afrontara un fichaje de cientos de millones de euros para convertir al francés en uno de sus estandartes. A pesar de ello, los caminos de Mbappé y el Real Madrid parecían destinados a encontrarse en algún punto, como ya presagiaban esas icónicas imágenes del joven francés en una habitación repleta de pósteres con insignias del equipo madridista.

Su presentación en el Santiago Bernabéu estuvo a la altura de las expectativas. Con un estadio abarrotado, repleto de aficionados llenos de una ilusión desbordante, la estrella gala no pudo esconder la emoción que sintió al pisar por primera vez el césped ante un público completamente entregado. «Es increíble estar aquí», manifestó mientras esbozaba una sonrisa incontenible. Su ya icónico «uno, dos, tres, hala Madrid», como en su día también pronunció uno de sus ídolos, Cristiano Ronaldo, en su presentación con la casaca blanca, forma parte del inicio de un legado como jugador del Real Madrid que confía en engrandecer con el paso de los años.

Su debut no pudo ser mejor, con gol incluido y la consecución de su primer título como jugador blanco en la Supercopa de

Europa que conquistó en Varsovia ante la Atalanta, dejando un sabor de boca inmejorable en la afición. El dos a cero que anotó para sentenciar el partido sirvió para sumar un nuevo trofeo a su palmarés y a las vitrinas del Santiago Bernabéu, formando ya parte de la historia del Real Madrid y dando el primer paso de una prometedora carrera como «9» madridista.

Al margen de su potencia innata y su indiscutible talento, Mbappé ha demostrado su facilidad goleadora y su capacidad para ser decisivo. Todo este compendio de virtudes y recursos técnicos ha generado una abrumadora expectación entre la afición, que espera seguir alargando una década gloriosa y continuar extendiendo el dominio madridista en el panorama europeo, donde Mbappé tiene la intención de consagrarse y sumar el título que tanto ansía y que tanta querencia tiene por el Real Madrid: la Champions League. Para ello, el francés necesitará prorrogar su notable rendimiento de los últimos años, en los que ha dejado patente su estatus de estrella tanto con su selección, con la que ya se ha proclamado campeón del mundo, como con el Paris Saint-Germain, dominando las competiciones domésticas de su país con una autoridad incontestable.

No obstante, el reto de llegar al Real Madrid se presenta como el mayor de su aún corta carrera. En un equipo con grandes jugadores y rodeado de algunos de los mejores del mundo, Mbappé debe consolidarse como candidato al Balón de Oro y como el futbolista de referencia en la delantera del Real Madrid junto a Vinicius Júnior, formando un ataque temible que promete ofrecer tardes de gloria a la afición madridista. No cabe duda de que la llegada del *crack* galo eleva al club a otra dimensión, rememorando épocas pretéritas como la vivida con los Galácticos. Ahora solo queda comprobar si Kylian Mbappé cumple los pronósticos y se convierte en una leyenda del Real Madrid, como todo el mundo desea. Su comienzo no pudo ser mejor y solo el destino sabe cómo será un final que, sobre el papel, augura un futuro brillante para un dueto cuyo amor siempre ha sido y será mutuo.

Luis Figo

Hablar de la etapa de Luis Figo en el Real Madrid supone inevitablemente detenerse en el principio. Y es que más allá de su sobresaliente rendimiento como jugador blanco en líneas generales, es el capítulo relacionado con su fichaje procedente del Barça el que siempre más ha dado y todavía sigue dando que hablar, hasta el punto de considerarse que cambió la historia del fútbol y motivar un documental emitido en una conocida plataforma de *streaming*. Respecto a cómo se gestó el traspaso, pese a que las versiones de los involucrados difieren en algunos puntos, es sabido que el extremo portugués aterrizó en el Santiago Bernabéu como el primer galáctico de Florentino Pérez, quien acababa de comenzar su mandato al frente de la entidad. El fichaje del entonces «7» del Barça, el cual estaba pactado en un precontrato, se convirtió en una de las principales bazas del aspirante a la presidencia para imponerse en las elecciones frente a Lorenzo Sanz.

Pese a la incredulidad inicial que esta hipotética incorporación generó, lo que parecía imposible acabó tornándose en realidad el 24 de julio del 2000. Aquel día, Figo fue presentado con el dorsal 10 de la camiseta del Real Madrid en la sala de trofeos del Bernabéu, si bien hay que decir que su semblante denotaba que él mismo se encontraba todavía en estado de *shock* y no había terminado de digerir lo ocurrido. Sesenta millones de euros fue la cantidad abonada para pagar la cláusula de quien se convertía por entonces en el traspaso más caro de la historia. El morbo y la controversia estaban servidos, pues el de Almada había sido unos de los principales puntales ofensivos del Barça durante las anteriores cinco temporadas, llegando a ser incluso segundo capitán e indiscutible ídolo de los hinchas del Camp

Nou. Ese mismo verano había llegado a asegurar que su deseo era continuar en el equipo de la ciudad condal, donde todavía recuerdan su salida como la mayor de las traiciones.

La realidad es que, en lo estrictamente deportivo, la llegada de Figo no decepcionó a los seguidores madridistas desde el comienzo, ya que aportó un rendimiento inmediato y se convirtió en una pieza fundamental para la conquista del título de liga en la temporada 2000-2001. Con nueve goles y diecinueve asistencias en ese campeonato, su entendimiento con figuras como Raúl González fue total. Y es que el extremo diestro siempre destacó por ser un excelente pasador, cuyos envíos con rosca son todavía muy recordados en la parroquia del Bernabéu. Prueba del extraordinario momento que atravesaba el portugués en ese primer año como merengue fue el hecho de que se le otorgase el Balón de Oro, mientras que un año después también se haría acreedor del premio Jugador Mundial de la FIFA 2001.

Como no podía ser de otro modo, entre los momentos más recordados de sus comienzos en el club blanco tampoco falta su primera visita al Camp Nou, el 21 de octubre del año 2000, donde recibió una ensordecedora pitada que alcanzó los ciento once decibelios, algo prácticamente sin precedentes en un campo de fútbol. Para hacernos una idea, el ruido sería el equivalente al que produce un avión al despegar. No obstante, mucho más grave fue lo sucedido dos años después en el feudo azulgrana, cuando, en el momento en que el jugador se disponía a lanzar un córner, tuvo lugar un lanzamiento de objetos debido al cual se tuvo que paralizar el encuentro durante diez minutos, y que motivó una sanción de dos partidos de clausura que el Barça nunca llegó a cumplir. Lo que sí perdura es el recuerdo de la imagen de la cabeza de cochinillo que también se arrojó desde la grada y que dio la vuelta al mundo.

Pero, más allá de las polémicas relaciones con su pasado culé, el paso de Figo por el Real Madrid queda marcado indudablemente por los éxitos. Entre ellos, cabe destacar la conquista de la Novena en el año 2002, con el «10» como titular en aquella final ante el Bayer Leverkusen. A pesar de que no había sido una temporada sencilla para el extremo, falto de continuidad por una serie de problemas en el tobillo, consiguió llegar a tiempo para ser partícipe de la histórica cita disputada en Glasgow.

Si bien en los años sucesivos a su llegada recalaron otros galácticos, como Zidane, Ronaldo y Beckham, lo cierto es que el luso nunca perdió protagonismo y siempre se caracterizó por una gran regularidad en su rendimiento. En la temporada 2002-2003, su tercera como madridista, volvió a recuperar su mejor nivel firmando unos números de diez goles y trece asistencias que permitieron a los blancos volver a conquistar la liga. Como único capítulo amargo de aquella temporada para Figo queda el penalti que le detuvo el guardameta de la Juventus, Gianluigi Buffon, en la vuelta de las semifinales de Champions, y que de haber entrado habría permitido a los blancos alcanzar la final de Mánchester. En cualquier caso, poco o nada se le pudo recriminar a la actuación del extremo, más allá de asumir la responsabilidad del decisivo lanzamiento.

El rendimiento del «10» continuó siendo de lo más notable durante la campaña 2003-2004, coincidiendo con la presencia de su compatriota Carlos Queiroz en el banquillo. Sin embargo, la caída del equipo en todas las competiciones durante el tramo final trajo consigo una serie de cambios que aceleraron el final de ciclo del portugués, quien perdió protagonismo en el siguiente curso, tras el nombramiento de Vanderlei Luxemburgo como nuevo entrenador. Su suplencia en el clásico disputado el 11 de abril de 2005 en el Santiago Bernabéu supuso un antes y un después. A partir de este momento, Figo consideró que había llegado el momento de cambiar de aires, y el club le ofreció la carta de libertad a pesar de que aún le restaba un año de contrato. Fue así como el portugués recaló en las filas del Inter y puso punto y final a su exitosa etapa en el Real Madrid.

Su palmarés no miente en este sentido, con la conquista de dos ligas, una Liga de Campeones, dos Supercopas de España, una Supercopa de Europa y una Copa Intercontinental. Tampoco engañan sus cifras, con cincuenta y siete goles y noventa y tres asistencias en doscientos cuarenta y cinco partidos oficiales. En los años posteriores a su salida y su retirada, el luso no ha dudado en proclamar su sentimiento madridista en multitud de ocasiones, un cariño que además es mutuo con los aficionados blancos, quienes guardan un grato recuerdo de sus internadas por la banda derecha y su preciso golpeo. En definitiva, un futbolista que supo estar a la altura de ese dorsal «10» que siempre ha pesado tanto.

Luis Molowny

Luis Molowny es una de esas leyendas que se ganó su estatus, principalmente, en dos vertientes: la de jugador y la de entrenador. Ambas etapas estuvieron repletas de éxitos para el club y el propio futbolista, que aterrizó en el Real Madrid a pesar de que también contaba con el interés del FC Barcelona por ficharle. El empeño de Santiago Bernabéu, por aquel entonces presidente del Real Madrid, en firmar al canario llevó a que el club cerrara su incorporación adelantándose a sus competidores, rubricando el principio de una historia de amor mutuo que perduró durante décadas.

El comienzo no pudo ser mejor: un debut soñado ante el eterno rival madridista, el FC Barcelona, en un partido muy igualado. Sin embargo, el destino tenía guardado un as en la manga del Real Madrid. A falta de pocos minutos para el final del encuentro, Molowny firmó un gran cabezazo que sirvió para darle la victoria al conjunto blanco. A pesar de que los testarazos no fueran, ni de lejos, una de sus grandes virtudes, el tanto sirvió para dejar constancia del nivel futbolístico del tinerfeño y de su categoría como jugador. El choque supuso el inicio de una brillante trayectoria de once años en la disciplina blanca, con títulos, goles y un rendimiento más que notable, convirtiéndose en un ídolo y referente para la afición madridista.

El canario comenzó su carrera deportiva en varios equipos de las islas y su destreza atrajo a los principales clubes del país. Molowny fue un gran extremo con velocidad y regate, al más puro estilo clásico. Sus internadas por banda causaban estragos en las defensas rivales, con una facilidad pasmosa para desbordar contrarios y servir buenos balones buscando a las referencias en la punta del ataque. «El Mangas», como le apodaban por su manía de agarrarse los puños de la camiseta, dejó una huella imborrable en un club que siguió cosechando títulos gracias a la amplia nómina de grandes futbolistas con los que contaba en plantilla.

En sus últimos años en la disciplina blanca, durante la década de los años cincuenta, Molowny compartió delantera con otras grandes leyendas del Real Madrid, como Alfredo Di Stéfano, Gento, Puskas o Kopa, entre otros nombres ilustres de la historia blanca. El canario vivió el inicio de la Copa de Europa en la temporada 1955-1956, formando parte de la plantilla que conquistó las dos primeras ediciones del torneo y dando lugar al lustro de dominio blanco con las cinco Copas de Europa consecutivas que consiguió el club hasta 1960 en la máxima competición continental.

Además de los doscientos ocho partidos oficiales que disputó con el Real Madrid y de los ciento tres tantos que anotó con la elástica blanca, Molowny fue internacional con España en siete ocasiones. Su irrupción en el fútbol español marcó un antes y un después, erigiéndose en uno de los mayores talentos del país y haciendo las delicias del público. Pura fantasía canaria con un aura de estrella, ciertamente inaudito en aquella época aún temprana para el fútbol que conocemos hoy en día.

Pero, al margen del talento, Molowny era un hombre inteligente y con grandes conocimientos futbolísticos. Solo así se explican sus posteriores éxitos como entrenador y director deportivo tras su retirada como jugador del Real Madrid en 1957. Después de un último periplo en la Unión Deportiva Las Palmas, donde ejerció como jugador-entrenador, pasó definitivamente a los banquillos, encadenando varias etapas en el equipo canario. Tras ello, Molowny llegó al Real Madrid con la difícil tarea de reemplazar al técnico más laureado de la historia blanca: Miguel Muñoz.

A partir de entonces, fue alternando distintos ciclos, hasta cuatro, en el banquillo madridista, pero siempre con un denominador común: los títulos. El primero, en 1974, la Copa del Rey; más adelante, dos ligas tras sustituir a Miljan Miljanic, en 1977; otra Copa del Rey al suceder a Boskov, en 1982, y, por último, su etapa más prolífica tras relevar a Amancio, en 1985:

una liga, una Copa de la Liga y dos Copas de la UEFA en apenas dos temporadas. En total, sumando los trofeos logrados como entrenador y como jugador, el tinerfeño acumula en su palmarés catorce títulos: dos Copas de Europa, una Copa Latina, cinco ligas, tres Copas de España, dos Copas de la UEFA y una Copa de la Liga.

Molowny falleció en 2010, pero su bagaje deportivo y su talante como persona, ambos de una asombrosa brillantez, tendrán para siempre su lugar en el olimpo de leyendas del Real Madrid.

Luka Modrić

Su historia de supervivencia es fundamental para entender cómo ha llegado hasta donde ha llegado. Desde muy pequeño, Luka Modrić sabe lo que es sobreponerse a algunas de las adversidades más duras y situaciones más horribles por las que puede pasar un ser humano, de ahí que el futbolista lograse desarrollar una increíble capacidad de resiliencia, la cual solo ha podido ser opacada por su magia con el balón.

El croata no es solo uno de esos virtuosos a los que siempre es una delicia contemplar, seas del equipo que seas, sino que además posee la mentalidad de un ganador nato. Para entender el impacto de sus orígenes nos tenemos que remontar a uno de esos conflictos bélicos que nos recuerdan que la barbarie siempre está mucho más cerca de lo que creemos. Hablamos, cómo no, de la guerra de los Balcanes, la cual marcaría para siempre su vida. Siendo todavía un niño de seis años, Luka vio cómo asesinaban a su abuelo y tuvo que huir junto a sus padres y su hermana de la aldea en la que vivían para refugiarse en un hotel ubicado en la ciudad de Zadar. En medio de ese caos comenzó a forjarse la leyenda del jugador que es hoy en día, no sin superar antes otra serie de adversidades.

A pesar de su menudo tamaño y de su físico aparentemente endeble, el de Modrić fue uno de esos casos que demuestran que en el fútbol siempre terminan imponiéndose el talento y la calidad. Y eso es algo que le sobró siempre y que comenzó a demostrar muy pronto. A los diecisiete años el Dinamo de Zagreb lo cedió durante una temporada al Zrinjski Mostar, de la liga bosnia, y este respondió proclamándose como el mejor futbolista del citado campeonato. Su ascenso fue meteórico, y en cuestión de pocas temporadas logró convertirse en la gran figura del club de la capital croata, además de ser considerado una de las mayores promesas del fútbol europeo. El paso a una de las grandes ligas se hizo inevitable y este se produjo tras fichar por el Tottenham Hotspur, donde militó durante cuatro temporadas. Fue en Inglaterra donde el centrocampista confirmó ya no solo que poseía una calidad excepcional, sino que además estaba preparado para dar el salto a un club de primera línea. En el verano de 2012, el Real Madrid decidió apostar por su fichaje, mientras que el jugador también puso de su parte presionando frente a la inflexible postura de su club. Finalmente, tras unas duras negociaciones, su aterrizaje en el Santiago Bernabéu se terminó anunciando el 27 de agosto. Apenas dos días más tarde se produjo su debut al entrar desde el banquillo en el clásico correspondiente a la vuelta de la Supercopa de España, en la que los suyos acabaron proclamándose campeones.

Cabe recordar que su primer curso como madridista coincidió con el último de José Mourinho en el banquillo. El de Zadar se vio ante el desafío de conseguir hacerse un hueco en un equipo muy consolidado, y lo cierto es que lo consiguió con actuaciones estelares, como la protagonizada frente al Manchester United en Old Trafford durante la vuelta de octavos de final de Champions. En este partido, ingresó en el terreno de juego durante el segundo tiempo y terminó saliendo al rescate de los blancos con un golazo desde fuera del área, el cual sirvió para empatar la eliminatoria en un momento crítico antes de la posterior clasificación. De esta forma, el mediocentro comenzó a coleccionar momentos históricos en el equipo merengue, siendo sin duda otro de ellos el lanzamiento del saque de esquina que supuso el histórico gol de Sergio Ramos en la final de Lisboa. Esa temporada 2013-2014 fue también la de su consagración como una pieza imprescindible para el técnico Carlo Ancelotti, aunque apenas era el principio de todo lo que estaba por llegar.

Dos años después, ya bajo las órdenes de Zinedine Zidane, compuso un centro del campo dominador junto a Kroos y Casemiro, sobre el cual se sustentó el hito de las tres Champions consecutivas entre 2016 y 2018. Según transcurren las temporadas, Luka envejece como el buen vino y se va convirtiendo en un futbolista cada vez más completo. No solo juega y hace jugar a todos sus compañeros, sino que también crece en el apartado defensivo haciendo gala de una gran inteligencia táctica a la hora de recuperar balones. Pero, por supuesto, es con la pelota en los pies cuando más brilla. Sus conducciones para romper líneas rivales o su mítico golpeo con el exterior son solo una muestra de su mágico repertorio. Evidentemente, nunca ha sido el jugador acostumbrado a meter los goles o protagonizar las jugadas decisivas en los últimos metros, porque para eso ya están otros, pero su impacto en el juego del Real Madrid siempre ha sido igualmente trascendental, algo que también le fue reconocido en el año 2018 con la obtención del premio The Best y el Balón de Oro. Tras varias campañas a un nivel sobresaliente en el club blanco, y sin pasar tampoco por alto su liderazgo en la Croacia subcampeona del Mundial de Rusia, el mundo entero por fin se rendía a la calidad de un centrocampista sin igual.

A pesar de la salida de otras leyendas como Cristiano Ronaldo, Sergio Ramos o Marcelo, lo cierto es que el conjunto blanco consigue mantenerse en lo más alto y sigue ganando títulos amparándose en la figura del croata, quien a su vez se encarga de liderar el relevo a la siguiente generación de jugadores que se han ido asentando durante las últimas temporadas. En medio de esta transición, ha continuado siendo indispensable en los éxitos más recientes. Ocurrió, sin ir demasiado lejos, en el camino a la Decimocuarta. En ese momento, a pesar de tener ya treinta y seis años, el de Zadar siguió haciendo gala de un físico privilegiado y jugó casi todos los minutos, además de firmar acciones decisivas, como el pase con el exterior a Rodrygo que permitió forzar la prórroga ante el Chelsea en los cuartos de final. Aquella noche el «10» disputó los ciento veinte minutos al completo y fue nombrado MVP del choque. O, en cuanto a lo más inmediato en el tiempo, se ha seguido viendo en otras eliminatorias agónicas, como las disputadas contra Manchester City o Bayern de Múnich en 2024. En ambas ocasiones, su aportación fue fundamental entrando desde el banquillo para dar oxígeno y templanza a los suyos. Son tan solo varios ejemplos que vienen a mostrar la importancia capital que el centrocampista ha seguido manteniendo en un momento de su carrera en el que, por edad, lo previsible es que estuviera rindiendo a un nivel inferior.

No es el caso de Lukita, un futbolista que siempre se ha cuidado a la perfección, profesional como pocos y que sigue rompiendo todos los registros que ya le convierten en una de las mayores leyendas del club. En su extraordinario palmarés figuran seis Copas de Europa, cuatro ligas, cinco Mundiales de Clubes, cinco Supercopas de España, cuatro Supercopas de Europa y dos Copas del Rey. Pero, al margen de los títulos, los premios individuales o las cifras, lo que realmente define a Modrić como jugador es el reconocimiento de los aficionados al fútbol en general. Pocas veces un jugador ha generado tanto consenso entre los aficionados de los diferentes equipos y países del mundo. Allá donde va o donde juega, se ha convertido en costumbre que el centrocampista reciba los aplausos de la grada, algo que también puede atribuirse a que su talento y humildad son rasgos que el público sabe reconocer y premiar de esta manera. A pesar de que inicialmente no fue el dorsal que se le asignó cuando aterrizó en el Bernabéu, si hay un futbolista que se ha ganado a pulso lucir el «10» del Real Madrid, ese ha sido él. Los obstáculos que le pudo poner el fútbol quizá no sean nada en comparación con los que le puso la vida desde tan pequeño. El caso es que así fue como se forjó la leyenda de un jugador sobresaliente en todos los aspectos.

Manolo Sanchís

La carrera de Manolo Sanchís es una *rara avis* en el fútbol contemporáneo. Dieciocho temporadas y más de setecientos partidos con la camiseta del Real Madrid avalan a una leyenda que, por su carácter de *one club man*, representa el sueño de cualquier aficionado y la fidelidad y el amor por unos colores. A los doce ingresó en la cantera blanca, una disciplina en la que permaneció hasta su retirada en 2001, con treinta y seis años de edad y más de veinte formando parte del club madridista.

Hijo del que fuera jugador del Real Madrid en la década de los años sesenta Manuel Sanchís Martínez, sus inicios en La Fábrica fueron muy prometedores y, tras ir quemando todas las etapas pertinentes, alcanzó el sueño de todo canterano: llegar al primer equipo. En aquel Real Madrid, embrión de la Quinta del Buitre, Sanchís debutó de la mano de Alfredo Di Stéfano en 1983, que no dudó en apostar por él merced a su gran talento defensivo. Paradójicamente, el zaguero blanco fue capaz de marcar en su primer encuentro con la casaca blanca, dando el triunfo a su equipo por cero a uno ante el Real Murcia y demostrando que el madrileño había llegado para quedarse. Desde aquel momento, Sanchís llegó a la impresionante cifra de setecientos diez encuentros disputados con el Real Madrid y entró en el top tres de jugadores con más partidos de la historia de la entidad, únicamente por detrás de Raúl González e Iker Casillas.

El central madridista se convirtió en el eje defensivo de aquel equipo de la Quinta del Buitre, una generación irrepetible que consiguió el título de campeón en la segunda división, un hito jamás alcanzado por ningún otro equipo filial, y que llevó al Real Madrid a dominar el fútbol español ganando cinco ligas consecutivas entre 1986 y 1990, además de una Copa de la Liga

y dos Copas de la UEFA, pero que siempre se quedó con la cuenta pendiente de refrendar su estatus en la máxima competición continental: la Copa de Europa. Sin embargo, Sanchís posee el honor de ser el único miembro de la Quinta del Buitre que fue capaz de conseguir dicho trofeo, del que, además, fue campeón en dos ocasiones, teniendo el privilegio de levantar la copa como capitán del club de su vida. Primero lo hizo en 1998 en Ámsterdam, donde el Real Madrid dejó su portería a cero frente a la Juventus para llevarse el torneo gracias al tanto de Mijatovic, poniendo fin a treinta y dos años de sequía en la competición fetiche del club y permitiendo a Sanchís levantar el tan ansiado trofeo que le faltaba para completar una trayectoria de mucha enjundia. Solo dos años más tarde repitió en aquella célebre final de París ante el Valencia, con un contundente tres a cero que puso la octava Copa de Europa en las vitrinas del estadio Santiago Bernabéu.

Una carrera tan longeva y repleta de logros, tanto en el plano individual como a nivel colectivo, solo se explica con un talento y una ética de trabajo como la de Sanchís, que hizo gala durante toda su carrera de unas aptitudes defensivas propias de un *crack*. Fue un central que destacaba por su saber estar en el campo, con una sobriedad y una puntualidad al corte que proporcionaban una notable sensación de seguridad a la zaga madridista y que, además, siempre era capaz de añadir algún tanto a lo largo de la temporada.

El amor de Sanchís por el Real Madrid le llevó a pasar más de media vida ligado al club, desde los doce hasta los treinta y seis años, con un recorrido de absoluta leyenda. Esa lealtad a un escudo, que cada vez resulta más complicada de encontrar en el mundo del fútbol, ha convertido al madrileño en un referente para todos aquellos chavales que sueñan con llegar algún día a formar parte del club de sus sueños, un viaje que Sanchís fue capaz de experimentar gracias a una mezcla de talento innato y trabajo duro, llegando hasta lo más alto tras pasar por todas las categorías.

Su palmarés completo alberga veintidós títulos que lo sitúan entre los futbolistas más laureados de la historia del Real Madrid con dos Copas de Europa, una Copa Intercontinental, dos Copas de la UEFA, ocho ligas, dos Copas del Rey, cinco Supercopas, una Copa de la Liga y una Copa Iberoamericana. A tenor de todos estos logros, Sanchís se ha ganado por derecho propio figurar en los puestos más altos de la extensa nómina de leyendas de la entidad.

Marcelo Vieira

Su cara de incredulidad lo decía todo en aquel 15 de noviembre de 2006, cuando era presentado como nuevo jugador del Real Madrid. Con apenas dieciocho años y probablemente sin digerir aún todo lo que estaba sucediendo, el entonces presidente Ramón Calderón ya le calificaba como el «sustituto de Roberto Carlos». Ahí era nada para Marcelo Vieira, quien había viajado a la capital española creyendo que solo iba a tener una reunión con dirigentes del club blanco. Mayúscula fue su sorpresa, ya no solo por encontrarse el contrato sobre la mesa, sino también por ser catalogado como el digno sucesor del ya por entonces considerado como mejor lateral izquierdo de la historia del Real Madrid, con el que, para más inri, compartiría vestuario en esa segunda mitad de la temporada 2006-2007. Si a día de hoy existe un debate sobre cuál de los dos brasileños fue el mejor en ese puesto, es porque el «12» consiguió estar a la altura y con creces.

Y es que pocas veces un relevo se dio de manera tan solapada en el tiempo, ya que ambos apenas coincidieron durante unos meses en la plantilla, tiempo suficiente para que el joven aprendiera del veterano y este último se diera cuenta, tal y como confesó años más tarde, de que ese pipiolo atesoraba más calidad técnica que él. Los paralelismos no terminan aquí, ya que, al igual que su predecesor, Marcelo se estrenó con el Real Madrid en Riazor de la mano de Fabio Capello, el mismo técnico que diez años antes había hecho debutar al «3» en ese mismo estadio. Del mismo modo, el primer curso del joven lateral en el Santiago Bernabéu se saldó con la conquista del campeonato de liga, el primero de los muchos títulos que vendrían después.

No obstante, conviene aclarar que a Marcelo no se lo pusieron ni mucho menos fácil para triunfar y convertirse en leyenda.

La suya fue una historia de perseverancia, de saber adaptarse a diferentes circunstancias y aguardar el momento hasta terminar de romper en el enorme futbolista que fue. De hecho, nada más recalar en Madrid, Capello se mostraba favorable a que el defensor tuviese una cesión para foguearse, lo cual chocó con el deseo del entonces director deportivo Predrag Mijatovic, quien consideraba que el joven iba a progresar más si entrenaba junto a Roberto Carlos y aprendía de sus consejos. Otros técnicos, como Manuel Pellegrini, optaron por reconvertirlo al puesto de interior izquierdo. Por aquel entonces, era difícil descifrar qué clase de jugador era exactamente el «12», quien, eso sí, de vez en cuando iba dejando destellos de su enorme calidad. Hubo que esperar hasta el 15 de febrero de 2009 para verle firmar su primer gol como futbolista merengue. Lo hizo ante el Sporting de Gijón en El Molinón tras recibir un bonito pase de tacón de Higuaín.

Con el paso de los años, el brasileño fue ganando jerarquía en el vestuario. En el año 2011 pasaba a convertirse en el tercer capitán, tras Iker Casillas y Sergio Ramos, mientras que el 10 de mayo de ese mismo año portó el brazalete por primera vez durante el choque liguero contra el Getafe. Su entrenador por aquel entonces era José Mourinho, de quien el propio jugador ha reconocido que aprendió muchísimo en aquella etapa. Las enseñanzas del portugués fueron cruciales para que lograse ser un jugador más aguerrido y aplicado en tareas defensivas, aunque sin perder la esencia que le permitía brillar en ataque. Porque, ante todo, el fútbol de Marcelo siempre fue eso, el que aprendió en las calles de Brasil y comenzó a desarrollar en las canchas de fútbol sala. Lo que para algunos pudo ser desorden, era visto como fantasía por muchos otros. Si se pone todo en una balanza, lo cierto es que al Real Madrid le salió muy a cuenta. Pese a todo esto, Mourinho tampoco se lo puso fácil, especialmente tras el fichaje de Fábio Coentrão, con quien mantuvo una reñida pugna por la titularidad.

De hecho, ya durante la posterior etapa de Carlo Ancelotti,

resulta incluso sorprendente recordar que fue el portugués y no el brasileño quien ostentó la titularidad en la final de Lisboa en 2014. Aunque partió desde el banquillo, ese duelo ante el Atlético deparaba para el «12» uno de sus mejores momentos con la camiseta del Real Madrid. En el minuto cincuenta y nueve de partido, el técnico italiano daba entrada al brasileño junto con Isco Alarcón para dar vuelo al ataque madridista, que buscaba un gol a la desesperada para igualar la contienda. Después de que Sergio Ramos forzara la prórroga y Bale adelantara a los blancos durante la misma, Marcelo dejó su impronta en el minuto ciento dieciocho al firmar el gol que supuso el tres a uno, un tanto que sirvió para sentenciar el choque y dejar atada la tan anhelada Décima. Dos años después, en esta ocasión en la final de Milán y de nuevo ante el Atlético, el lateral zurdo tampoco falló en el momento decisivo y se encargó de transformar el segundo de los penaltis que los blancos lanzaron en la tanda.

Sí podemos hablar de un Marcelo, ya en ese punto, completamente consolidado como uno de los pilares del Real Madrid y que atravesaba su momento más dulce. El defensor con vocación de creador de juego era un torrente de fútbol del que se beneficiaban el resto de sus compañeros. Su gran momento se tradujo también en importantes reconocimientos a nivel individual, ya que entre 2015 y 2019 encadenó cinco apariciones consecutivas en el mejor once mundial de la FIFA. Por si fuera poco, siguió su idilio con las finales de Champions al asistir a Marco Asensio en Cardiff y dio también el pase de gol a Bale en su recordada chilena de Kiev.

Durante sus últimos años en el Bernabéu, Marcelo fue adoptando un rol cada vez más secundario, hasta su salida en 2022. Lo que nunca estuvo bajo discusión fue su liderazgo en el vestuario, y llegó a convertirse en el primer capitán en 2021 tras la salida de Sergio Ramos. Y es que, si algo caracterizó al brasileño, más allá de sus cualidades futbolísticas, fue el ser un jugador alegre a la par que profesional y modélico. Para poner el broche definitivo a su laureada etapa en el club blanco, levantó la quinta Champions de su carrera tras la victoria contra el Liverpool en Saint-Denis. De esta forma, conseguía batir el récord de Paco Gento y en ese momento se convertía en el jugador con mayor palmarés en la historia del Real Madrid, con veinticinco títulos. Tuvo que trabajar duro y ganárselo día tras día durante las dieciséis temporadas que militó en el conjunto blanco, pero quedó demostrado que Ramón Calderón no se equivocó en el día de su presentación. Marcelo consiguió marcar su propia época tras Roberto Carlos y salió del Santiago Bernabéu convertido en leyenda.

Marcos Alonso,
«Marquitos»

Era uno de esos futbolistas que todos quieren siempre en su equipo y que nadie desea como rival. Versátil y contundente, supo entender perfectamente su rol en un conjunto de estrellas que necesitaban a guerreros como él. Marcos Alonso Imaz, más conocido como Marquitos, nació en Santander el 16 de abril de 1933, destinado a convertirse en uno de los integrantes del legendario Real Madrid que conquistó sus primeras cinco Copas de Europa.

Su trayectoria futbolística comenzó en el San Estanislao de Kostka, equipo del colegio en el que estudiaba, mientras que después formó parte del Rayo Cantabria, de tercera división. Aunque inicialmente se solía desenvolver en posiciones de ataque, pronto se dieron cuenta de que en realidad tenía todas las aptitudes para brillar en la retaguardia, ya fuera como lateral diestro, su posición más habitual, o como defensa central. Su fútbol enérgico y aguerrido pronto le puso en el punto de mira de varios clubes de la máxima categoría, aunque fue el Racing de Santander el que terminó haciéndose con su fichaje.

Su progresión ascendente continuó durante los tres años que pasó en el equipo cántabro hasta llamar la atención del Real Madrid. Su expeditivo marcaje a Paco Gento durante un partido de Copa (a pesar de que el defensor terminó expulsado) encandiló al presidente Santiago Bernabéu, quien instó a su fichaje de forma inmediata. Y no se equivocó el dirigente en el pálpito que tuvo con el futbolista, cuyo carácter ganador y poderío físico le convirtieron en la contraparte ideal del talento ofensivo de Di Stéfano, Puskas, Rial o el propio Gento.

Con apenas veintiún años cuando llegó a la capital, Marquitos demostró desde el principio el fuerte carácter que le convirtió en un jugador especial. Sirva como ejemplo que, tras quedarse fuera del once titular en el primer partido del curso ante el Valencia, al día siguiente se presentó en las oficinas del club para pedir que le dieran la baja al considerar que «no había venido al Real Madrid a ver caballos, sino para jugar al fútbol». Huelga decir que la baja no le fue concedida por parte de la entidad, pero el cabreo debió de surtir algo de efecto, ya que el zaguero sí fue titular en el siguiente duelo ante la Real Sociedad y ya no se movió del equipo a partir de entonces.

No solo fue un valioso activo en la defensa del conjunto merengue, sino que además marcó uno de los goles más importantes de su historia en la primera final de la Copa de Europa ante el Stade Reims. Corría el minuto sesenta y siete y el cuadro francés mandaba por dos a tres en el marcador, momento en el que Marquitos, en uno de sus habituales arranques de coraje, llegó desde atrás por sorpresa y mandó al fondo de la red un balón que había sido rechazado por el guardameta rival. Minutos más tarde, Rial se encargó de culminar la remontada para que los blancos comenzaran a escribir su historia en la que ha sido desde entonces su competición fetiche.

Además de goles como este, el jugador cántabro también dejó actuaciones para el recuerdo, como la protagonizada ante el Manchester United en 1957, en un duelo correspondiente a las semifinales de la Copa de Europa disputado en Old Trafford. En aquella ocasión, el zaguero fue fundamental para frenar al poderoso equipo de los Busby Babes, especialmente con un eficaz marcaje al delantero Tommy Taylor que le valió el aplauso unánime de la prensa británica, la cual no dudó en calificarlo como el «mejor defensa de Europa».

Admirador del fútbol de su compañero Di Stéfano, al que consideraba el gran referente del vestuario en todos los sentidos, Marquitos siempre hizo gala de una gran humildad y mantuvo los pies en la tierra a pesar de los numerosos éxitos que cosechó en sus nueve campañas como madridista, entre los cuales se cuentan cinco ligas, una Copa de España, dos Copas Intercontinentales y dos Copas Latinas, además de las mencionadas cinco Copas de Europa. Siempre tuvo claro que su cometido en aquel histórico equipo era el de cumplir órdenes y dejarlo todo en el césped para defender el escudo. Aunque muchos pueden interpretar este rol como secundario, lo cierto es que nadie lo hizo mejor que él y fue también indispensable en las proezas de aquel Real Madrid.

A mitad de la temporada 1962-1963, tras perder la condición de titular y sin apenas entrar en los planes del equipo, decidió que ya había llegado el momento de cambiar de aires y acabó fichando por el Hércules. De esta forma, puso fin a su laureada etapa en el club blanco, la cual se saldó con un bagaje de doscientos veintisiete partidos oficiales disputados y tres goles anotados. Además del conjunto alicantino, también integró las filas del Real Murcia, del Calvo Sotelo de Puertollano y, ya estando semirretirado, se reencontró con varios de los que fueron sus compañeros en el Toluca, un modesto equipo de su barrio en Santander. Además de su éxito sobre los terrenos de juego, cabe señalar como curiosidad que también le fue bien en los negocios: regentó una ilustre zapatería en la madrileña calle Serrano.

Y, por si todo ello fuera poco, Marquitos también fue el primero de una gran saga de jugadores que perdura hasta nuestros días, ya que fue padre de Marcos Alonso Peña (clásico jugador de los ochenta que pasó por Atlético y Barça, entre otros clubes) y abuelo de Marcos Alonso Mendoza (canterano del Real Madrid y actual futbolista del Barça). Ostentan un logro único en el fútbol español debido a que los tres han llegado a jugar con la selección absoluta. En cuanto al histórico defensor del Real Madrid, falleció el 6 de marzo de 2012, a los setenta y ocho años de edad, curiosamente el mismo día en que el club blanco cumplía ciento diez años de historia, una historia de la que él forma parte con mayúsculas.

Mesut Özil

Nacido en Gelsenkirchen en 1988, Mesut Özil fue descendiente de una de las tantísimas familias que habían emigrado de Turquía a Alemania desde la década de los sesenta. Ahí podían prosperar siendo la mano de obra que las empresas demandaban en aquel periodo de crecimiento y expansión. Criado en un entorno y con una educación de marcado carácter musulmán, era un niño tímido y muy parco en palabras al que, además, le costaba comunicarse en alemán. Sin embargo, donde realmente siempre habló y se expresó con soltura fue en los campos de fútbol, donde desde muy pronto llamó la atención por ser un jugador diferente al resto. Su padre Mustafa fue quien desde muy pronto luchó para que el joven llegara a convertirse en futbolista profesional, convencido de que tenía el talento necesario para llegar muy lejos. Fue así como Özil protagonizó una trayectoria ascendente que le llevó primero a las categorías inferiores del Rot-Weiss Essen y, después, a fichar por un club importante como el Schalke 04, en cuyo primer equipo debutó a los diecisiete años. Del equipo de la cuenca del Ruhr fue traspasado al Werder Bremen, donde se produjo su explosión futbolística destacando como uno de los mediapuntas más talentosos y prometedores del panorama europeo, un potencial que, además, quedó constatado gracias a su buen papel con Alemania en el Mundial de 2010.

En este contexto, llegó la llamada que solo reciben unos pocos elegidos. El Real Madrid pretendía hacerse con sus servicios y acabó pagando quince millones de euros por su fichaje. El jugador firmó un contrato de cinco temporadas para sumarse al incipiente proyecto de José Mourinho, quien en ese verano de 2010 acababa de llegar al banquillo con el reto de destronar al Barça de Pep Guardiola. Mesut no se arrugó ante la dimensión del desafío y tardó muy poco tiempo en adquirir un rol determinante en el conjunto blanco. En ese fútbol veloz y de contragolpe que instauró el entrenador portugués, el centrocampista aportaba la pausa necesaria y la clarividencia en los últimos metros. Dotado de una excepcional calidad técnica y visión de juego privilegiada, su clase con el balón consiguió enamorar a primera vista a los aficionados del Santiago Bernabéu, quienes presenciaron su primer gol como madridista frente al Deportivo de la Coruña en la sexta jornada de liga. Sin embargo, más allá de su capacidad anotadora, donde realmente brillaba el alemán era en su faceta como pasador. Las cifras no engañan en este sentido, ya que su primer curso como madridista lo finalizó con diez goles y veintiocho asistencias en cincuenta y tres partidos disputados entre todas las competiciones. Delanteros que integraban esa plantilla, como Cristiano Ronaldo, Gonzalo Higuaín y Karim Benzema, también se vieron enormemente beneficiados por su presencia.

La magia del mediapunta resultó fundamental para que el equipo de Mourinho fuese tomando forma a lo largo de la temporada. El contraste con el paso de los meses fue más que evidente, especialmente en la pugna por los títulos con el Barça. Özil pasó de perseguir sombras en la derrota por cinco a cero en el Camp Nou, en noviembre, a proclamarse campeón de la Copa del Rey en abril tras el triunfo frente a los azulgranas en la final. Especial mención merecieron también sus actuaciones en los derbis contra el Atlético durante esa campaña 2010-2011, rival para el que fue su particular bestia negra al endosarle tres goles en cuatro enfrentamientos entre liga y Copa. La única asignatura pendiente del centrocampista en ese momento seguía siendo la regularidad en momentos determinados. A Mourinho, siempre muy exigente con la intensidad de sus jugadores, no le temblaba el pulso cuando le tenía que sustituir en el descanso o, incluso, dejarle fuera del once. La relación de ambos podría considerarse que fue por momentos de amor y odio, si bien el futbolista llegó a reconocer que el entrenador de Setúbal tuvo una influencia muy positiva en su progresión.

Y es que dar la talla en un equipo como el Real Madrid exige, como mínimo, dar el cien por cien. Eso es algo que Mesut, quien iba sobrado de talento, fue comprendiendo con el paso del tiempo: su segunda temporada en la capital española fue claramente de menos a más. Aunque en un principio pareció perder presencia en los planes de Mourinho, quien en esa campaña disponía de una plantilla con más alternativas, acabó recuperando su lugar en la mediapunta y teniendo una aportación fundamental para que los blancos ganasen el título de liga. El «10» consiguió ser un jugador menos intermitente y finalizó el curso con siete goles y veintiocho asistencias en cincuenta y dos partidos. A diferencia de lo ocurrido en su primera campaña, cabe destacar que logró brillar en los siempre reñidos duelos contra el Barça de Guardiola. Y, por si fuera poco, también destacó en Champions con actuaciones como la que protagonizó en las semifinales ante el Bayern. Su gol en el partido de ida en Múnich y su asistencia a Cristiano Ronaldo en la vuelta en el Bernabéu no fueron suficiente para que los blancos pasasen la eliminatoria, al quedar apeados en los penaltis.

El jugador alemán con ascendencia turca mantuvo ese gran nivel durante su tercera temporada en el Real Madrid, en la que firmó varias actuaciones muy destacadas. En fase de grupos de la Champions League, se exhibió ante el Borussia Dortmund con un golazo de libre directo y una asistencia a Pepe. El equipo teutón volvería a cruzarse en el camino de los blancos en semifinales, con un Özil que en el encuentro de vuelta en el Bernabéu regaló otro pase de gol a Benzema para que hiciera el primero de la noche. Finalmente, el cuadro de Mourinho se quedó a un gol de voltear la eliminatoria. La mayor regularidad del mediapunta en liga tampoco fue suficiente para que el Real Madrid lograse el título, mientras que en Copa del Rey también fue fundamental para eliminar al Barça en semifinales, con sendas asistencias en los goles de Varane tanto en la ida como en la vuelta. En el torneo del KO, el conjunto merengue volvió a morir en la orilla al caer en la final contra el Atlético. Todo ello a pesar de que el «10» volvió a participar en el único gol de los suyos tras botar un saque de esquina enviado por Cristiano Ronaldo al fondo de la portería.

Por tanto, el Real Madrid acabó la temporada sin títulos y con una profunda crisis interna en el vestuario que se saldó con la marcha de José Mourinho. En cualquier caso, Mesut parecía tener todas las papeletas para seguir en el conjunto blanco debido a su excelente rendimiento, pero todo se torció en las negociaciones para la renovación de su contrato. Su padre y representante exigió unas condiciones muy elevadas que en el club no estaban dispuestos a aceptar y, ante la falta de acuerdo, el futbolista acabó siendo traspasado al Arsenal por cuarenta y siete millones de euros en septiembre de 2013. El propio Özil reconoció con posterioridad que para él fue muy doloroso dejar el club blanco en aquel momento y que a su padre, del que prescindió como agente, le faltó la experiencia necesaria para abordar aquella delicada negociación. A pesar de esa sensación de que su etapa en el Bernabéu se vio truncada de forma inesperada, tanto club como jugador se quedan con lo positivo de esas tres temporadas en las que los aficionados merengues pudieron disfrutar de la magia del alemán. Aunque fuera solo por esto último, ya mereció la pena.

Miguel Porlán,
«Chendo»

Casi medio siglo al servicio del Real Madrid le contempla. Hablar de Miguel Porlán Noguera, más conocido como Chendo, es hablar de toda una vida de entrega a unos colores. Lo hizo primero como jugador y, a día de hoy, sigue haciéndolo como delegado. Esa misma entrega fue la que también siempre le caracterizó sobre el césped, donde no era el futbolista más virtuoso, pero acostumbraba a dejarlo todo y cumplir su cometido a la perfección. Habiendo sido rara vez el protagonista principal, lo cierto es que su trayectoria daría para un libro o una película si se recopilaran todos los momentos en la historia del club de los que ha sido partícipe o testigo. Cuando ingresó en el equipo juvenil en 1977, el fútbol no tenía nada que ver con lo que es hoy en día, del mismo modo que tampoco lo era un Real Madrid en el que Santiago Bernabéu vivía sus últimos meses al pie del cañón. El de Totana pasó por el Castilla compartiendo vestuario con los integrantes de la Quinta del Buitre (hay quien incluso piensa que se le debería considerar el sexto miembro o el «hermano mayor» de todos), mientras que su debut con el primer equipo se produjo en 1982, en medio de unas circunstancias algo excepcionales. Debido a la jornada de huelga de futbolistas profesionales que se estaba produciendo en aquel momento, el entonces técnico Alfredo Di Stéfano se vio obligado a tirar de la cantera y Chendo se estrenó sustituyendo a Míchel en el minuto ochenta y ocho. Precisamente, el lateral y el mítico «8» acabaron formando una banda derecha que durante muchas campañas fue una absoluta garantía para el equipo merengue.

Resulta curioso comprobar el contraste entre aquella época y el momento en que el defensor colgó las botas. En 1998 el Real Madrid entraba de lleno en la modernidad con la conquista de la

Séptima, tras más de treinta años en los que se le había resistido la Copa de Europa, ya para entonces denominada Champions League. Y ahí seguía Chendo, a punto de poner punto y final a su etapa como futbolista tras dieciséis temporadas en el primer equipo, que se dice pronto. Cabe destacar en este sentido que es uno de los pocos jugadores que puede presumir de haber militado en el Real Madrid durante toda su carrera. En el camino, un sinfín de partidos, historias y anécdotas. Entre todas ellas es especialmente recordado su impecable marcaje a Diego Armando Maradona durante una eliminatoria de Copa de Europa frente al Nápoles, en 1988, cuando podía considerarse al argentino como el mejor futbolista del planeta. El murciano no solo le secó por completo, sino que además se permitió el lujo de hacerle un caño. No era Chendo ni mucho menos un jugador de grandes alardes, sino que más bien destacaba por ser un defensor aguerrido y al que era muy complicado superar. Otras figuras, como Paulo Futre o Marc Overmars, también lo pudieron comprobar de primera mano. Especial mención merece el caso del rapidísimo extremo holandés del Ajax, quien se enfrentó al lateral cuando este ya tenía treinta y cuatro años y, contra todo pronóstico, no fue capaz de ganarle en velocidad.

El lateral diestro tampoco acostumbraba a prodigarse en ataque, y buena prueba de ello es el hecho de que apenas firmase tres goles durante su dilatada trayectoria en el conjunto blanco. Sin embargo, incluso las pocas veces que marcó, lo hizo a lo grande. Así sucedió durante un encuentro liguero ante el Valladolid en 1995 que resultó clave para la conquista del título y que decidió el defensor con un sorprendente disparo con la zurda, su pierna mala. Lo suyo en el Real Madrid fue en ocasiones pura supervivencia. Durante muchas de las campañas que militó en el equipo, era habitual que el entrenador de turno partiera con la idea de sentar a Chendo en el banquillo y reemplazarlo por el nuevo fichaje también de turno. Sin embargo, ya fuera por unas circunstancias o por otras, cada temporada era el de Totana quien siempre terminaba ocupando el puesto, lo que demuestra que siempre fue uno de esos futbolistas de garantías que, sin hacer excesivo ruido, resulta muy necesario en todo equipo ganador. No en balde, sus años de mayor regularidad coincidieron también con la etapa de esplendor de la Quinta del Buitre y se saldaron con la conquista de cinco ligas consecutivas. Del mismo modo, cuando ya siendo más veterano pasó a convertirse en jugador de recambio, también asumió el rol sin poner una mala cara, entrenando al máximo y cumpliendo con solvencia cuando le tocaba jugar.

Con este perfil de jugador de club y tras tantos años de compromiso ejemplar, no resultó extraño que, después de su retirada, Ignacio Zoco lo propusiera como su sustituto en la función de delegado. Y es aquí, aunque sea en un plano algo más discreto, donde comienza la segunda parte de la dilatada trayectoria de Chendo al servicio del Real Madrid, durante la cual también ha sido testigo de las innumerables transformaciones que han acontecido en la entidad desde entonces. Durante este periplo ha visto, entre otras muchas cosas, cómo su equipo ha duplicado el número de Copas de Europa que hay en sus vitrinas, cómo han pasado varios de los mejores futbolistas del mundo, además de cambios tan importantes como la mudanza de la antigua Ciudad Deportiva a la actual Valdebebas o la remodelación del Santiago Bernabéu. Incluso tuvo tiempo para volver a enfundarse la elástica blanca durante un partido amistoso en favor de los damnificados por el terremoto de Lorca en 2011. Día a día y sin hacer ruido, se ha ganado que le pertenezca un pequeño trozo del escudo del Real Madrid, ese que con tanto coraje defendió en los terrenos de juego durante toda su carrera deportiva y al que después se ha seguido entregando con total dedicación.

Miguel Muñoz

Su sencillez era probablemente la más difícil de sus virtudes. Miguel Muñoz no alardeaba de haber inventado el fútbol ni tampoco acostumbraba a hacer sesudos análisis tácticos acerca de lo que sucedía en el campo. Tampoco necesitó nada de esto para convertirse en el entrenador más laureado de la historia del Real Madrid, además de en uno de los grandes futbolistas que vistió su camiseta; en conjunto, una auténtica leyenda del club que fue fundamental para sentar los cimientos de una grandeza que perdura hasta hoy.

Nacido el 19 de enero de 1922, fue un madrileño y castizo de los de toda la vida cuya carrera futbolística comenzó en los juveniles del Buenavista, aunque un año después se vio súbitamente interrumpida por el estallido de la Guerra Civil. Tras el final del conflicto bélico, pasó por varios equipos modestos hasta que, con motivo del servicio militar, tuvo que desplazarse a Logroño, donde fichó por el Logroñés. Fue en el conjunto riojano donde su juego comenzó a despegar hasta conseguir llamar la atención del Racing de Santander, que no dudó en incorporarlo para jugar en segunda división. Su progresión continuó en las filas del equipo cántabro y comenzó a estar en el mapa de clubes de la máxima categoría. De todos ellos, fue el Celta el que se terminó haciendo con su fichaje, donde protagonizó su explosión definitiva y llegó a jugar una final de Copa contra el Sevilla. Tras dos años en Vigo, el Real Madrid se hizo con sus servicios, junto con los de Pahiño, en 1948.

Muñoz no necesitó demasiado tiempo para asentarse como titular en el once blanco destacando como centrocampista ofensivo. Bien es cierto que sus primeras temporadas en la capital no se saldaron con ningún título hasta que todo cambió con la llegada de fichajes estelares, como los de Di Stéfano y Gento, con los cuales comenzaron los años dorados para la entidad de Chamartín. A medida que se fue gestando ese equipo histórico, Miguel se convirtió en uno de los jugadores con más jerarquía de la plantilla hasta hacerse con la capitanía en 1956, un ascenso que se produjo justo a tiempo para pasar a la historia como el primer jugador en levantar una Copa de Europa, después de que los blancos vencieran ese mismo año al Stade Reims en la final. Todavía como futbolista, tuvo tiempo para ganar este título otras dos veces más, además de conquistar cuatro ligas y dos Copas Latinas. Decidió colgar las botas en 1958, a los treinta y cinco años, con un bagaje en sus diez campañas como madridista de doscientos setenta y cinco partidos oficiales y veinticuatro goles. A todo ello hay que sumar además sus siete internacionalidades con la selección española.

Sin embargo, su prolífica carrera como jugador se quedaría incluso pequeña al lado del gran porvenir que tenía en los banquillos. Al año siguiente de su retirada, asumió las riendas del Plus Ultra, filial madridista que jugaba en segunda división. Sorprendentemente, durante el tramo final de esa temporada 1959-1960, acabó poniéndose al frente del primer equipo tras la destitución de Fleitas Solich. Una vez más, llegó puntual a su cita con la historia, ya que, pocos meses después, los blancos acabaron levantando su quinta Copa de Europa tras imponerse por siete a tres al Eintracht de Frankfurt en una final apoteósica. De este modo, Muñoz volvió a ser pionero al convertirse en el primero en ganar la máxima competición continental tanto de futbolista como de entrenador. Fue solo el comienzo de una brillante trayectoria que le llevó a batir todos los récords en el banquillo del Real Madrid, con unos registros que siguen sin ser igualados a día de hoy. No solo ha sido el técnico más longevo, tras catorce temporadas en las que dirigió al conjunto blanco en seiscientos cinco partidos oficiales, sino que además nadie ha conseguido alcanzar tampoco los catorce títulos que ganó durante este periplo.

Como ha sucedido con otros grandes entrenadores que hicieron historia en el equipo madridista, el secreto de su éxito no resulta sencillo de explicar o descifrar. A Miguel Muñoz nunca se le tuvo como un genio en el apartado táctico ni como alguien demasiado minucioso en sus planteamientos. Sin embargo, fue el mejor a la hora de mantener la motivación y el equilibrio en un vestuario repleto de grandes futbolistas. Desde la sencillez más elemental y el sentido común, entendió perfectamente cuál era el rol que debía cumplir cada jugador en sus esquemas. Y, por supuesto, supo trasladar en el día a día los valores de trabajo, sacrificio y humildad que han hecho grande al Real Madrid. Pero, más allá de los títulos, su principal éxito fue el de saber gestionar los últimos años del equipo liderado por Di Stéfano para dar paso a la siguiente generación, la del Madrid yeyé, que terminó alzando la sexta Copa de Europa en 1966. Esa transición no fue nada sencilla de pilotar, teniendo en cuenta que había que reconstruir un equipo del que se habían marchado varias de las figuras más legendarias de la historia de la entidad, mientras que su lugar fue ocupado por futbolistas jóvenes y nacionales que aún lo tenían todo por demostrar.

En ese camino, el técnico tuvo que sobreponerse a momentos complicados, como las dos finales europeas perdidas ante Benfica en 1962 e Inter en 1964. Tampoco fue sencilla de manejar la salida de hombres como el propio Di Stéfano, quien se dice que abandonó el club tras una tremenda bronca con Muñoz durante la citada final perdida ante el conjunto italiano. En esos momentos de decisiones difíciles hay que destacar que el entrenador siempre contó con el respaldo del presidente Santiago Bernabéu, cuando lo fácil quizá hubiera sido proteger a la estrella del equipo. Esta férrea apuesta dio sus frutos, y a la vista está tan solo comprobando todos los títulos que este ganó en el banquillo del Real Madrid: dos Copas de Europa, una Copa Intercontinental, nueve ligas y dos Copas de España.

Sin embargo, todo ciclo acaba llegando a su fin, y el extensísimo periplo de Miguel Muñoz tampoco fue la excepción en este sentido. Hasta en el momento de marcharse, hizo gala de una gran dignidad, ya que presentó su dimisión después de que la directiva quisiera renovarle en un momento complicado para el equipo. El técnico consideró que su etapa en el Bernabéu estaba ya completamente agotada, y de este modo decidió cerrar un ciclo de nada menos que veinticinco años al servicio del Real Madrid, si se suman los once que estuvo como futbolista y los catorce que permaneció como entrenador.

Su carrera en los banquillos continuó, dirigiendo al Granada, Las Palmas y el Sevilla, mientras que en 1982 dio el salto como seleccionador de España. Su papel al frente del combinado nacional fue más que aceptable, si se tiene en cuenta que se venía de la debacle del Mundial celebrado en casa ese mismo año, y bajo su dirección se llegó a disputar la final de la Eurocopa de 1984 y tuvieron lugar gestas como el histórico doce a uno a Malta. Haciendo gala de esa extraña leyenda que después persiguió a otros entrenadores que triunfaron en el Real Madrid, solían decir de él que tenía flor. Hasta en eso abrió camino y fue pionero el bueno de Miguel Muñoz, quien nos dejó un 16 de julio de 1990, a la edad de sesenta y ocho años. Tristemente, se marchó demasiado pronto, pero su legado perdurará para siempre.

Olga Carmona

A pesar de su todavía corta carrera deportiva, Olga Carmona se ha ganado a pulso el derecho a ser considerada toda una leyenda viva del fútbol español. La jugadora sevillana anotó el gol más importante de la historia del balompié femenino nacional, que supuso la consecución de la primera Copa Mundial Femenina en el palmarés de la selección española. Con solo veintitrés años, Olga se echó a todo un país a las espaldas con aquel disparo que batió a la guardameta inglesa y que derivó en una explosión de júbilo y alegría al tratarse de un tanto que cambiaba de pleno la historia del fútbol femenino español, situando al combinado nacional en lo más alto del *ranking* internacional.

A pesar de partir desde una posición retrasada en el terreno de juego, el lateral izquierdo, Carmona destaca por su incansable despliegue físico y sus constantes incorporaciones al ataque, ambas características que sacó a relucir en la cita mundialista mencionada. No en vano, además de firmar el tanto que dio el trofeo a España, la sevillana también fue capaz de ver puerta en las semifinales ante Suecia, dejando patente su vocación ofensiva y su calidad en el golpeo, al margen de esa estrella que poseen las mejores futbolistas para aparecer en los momentos más indicados y dejar su impronta en las grandes noches.

Proveniente de una familia en la que sus dos hermanos también son futbolistas, aunque a menor nivel que ella, la andaluza comenzó a interesarse por el deporte rey desde muy pequeña. Fue entonces cuando empezó a mostrar su talento y, poco a poco, fue creciendo hasta destacar en el Sevilla Este, el equipo del barrio de su infancia, e ingresar en las categorías inferiores del Sevilla con apenas siete años. La andaluza siempre ha destacado por su faceta goleadora, muy llamativa para tratarse

de una jugadora que desempeña sus labores partiendo desde el costado izquierdo de la zaga, aunque en ocasiones también ha ocupado posiciones más adelantadas sobre el césped. Su descaro y sus grandes actuaciones en el Sevilla llevaron al Real Madrid a apostar por ella tras la creación de la sección femenina del club en el año 2020, haciéndose con los servicios de una de las jugadoras más prometedoras del panorama español. Carmona aterrizó en la capital con solo veinte años y comenzó a mostrar su talento y sus condiciones futbolísticas desde el primer día en que se enfundó la camiseta blanca, firmando muy buenas cifras y contribuyendo a la primera clasificación del Real Madrid a la Champions League tras protagonizar un meritorio segundo puesto en la Liga F a pesar de tratarse del año de fundación del conjunto femenino.

Su rendimiento en la Copa Mundial Femenina 2023 significó la consagración de Olga como una de las mejores laterales zurdas del planeta, algo que también ha demostrado en cada partido que ha defendido la elástica del Real Madrid. Pese a su juventud, Carmona ya suma varios reconocimientos a nivel individual junto a la Copa Mundial Femenina que levantó con la Selección Española, como el logro de formar parte del XI Mundial FIFA/FIFpro o el premio a la jugadora más valiosa que le otorgó la propia FIFA por su actuación en la final del Mundial 2023, además de figurar en el podio de futbolistas que optaron al galardón de Jugadora del Año de la UEFA en esa misma temporada. Al margen del cetro mundialista, la sevillana acumula dos títulos más en su palmarés internacional, la Liga de Naciones que conquistó con el combinado nacional tras ganar en 2024 la final a Francia en su ciudad natal, Sevilla, y la Eurocopa sub-19 que consiguió en 2018.

La aportación de Olga Carmona en el crecimiento del Real Madrid femenino ha sido clave durante los últimos años, convirtiéndose en una de las líderes del equipo gracias a su determinación y su personalidad, y fortaleciendo a un club que sigue reforzando su apuesta por hacer de su sección femenina una de las principales del Viejo Continente y situarla entre las más importantes a nivel europeo. No cabe duda de que la sevillana seguirá formando parte de la historia del Real Madrid y el fútbol español y de que su hazaña será recordada para siempre como una de las efemérides más insignes y emotivas del deporte nacional.

Paco Buyo

La genialidad y la locura suelen estar separadas por una delgada
línea, y es en ella donde habitó el portero nacido en Betanzos.
Su manera de entender la función del guardameta no se ajus-
taba para nada a los cánones de la época, y eso le supuso ser
cuestionado en más de una ocasión. Sin embargo, no todas las
acciones que en su momento algunos calificaron como «buyadas»
(véase, por ejemplo, sus arriesgadas salidas del área) merecían
tal consideración. Algunas de ellas incluso hoy nos parecerían
algo habitual en un portero bajo los parámetros del fútbol actual.
Simplemente, el de Betanzos era un adelantado a su tiempo y no
todos fueron capaces de entenderlo. Huelga decir, en cualquier
caso, que, durante su exitosa etapa en el Real Madrid, Buyo sí
contó con lo más importante: el cariño del Santiago Bernabéu.
Y es que el arquero era un tipo excepcional en todos los sentidos que desde muy joven comenzó a romper todos los moldes.
Formado en el Ural CF, en este modesto club de barrio coruñés
comenzó a llamar la atención por algo sin parangón en el fútbol.
Durante los partidos acostumbraba a jugar la mitad del tiempo
de portero y la otra de extremo. Su equipo terminó proclamándose campeón de Galicia con Buyo, siendo el arquero menos
goleado y, al mismo tiempo, el máximo realizador. Tras pasar por
varios conjuntos, como el Mallorca, el Huesca y el Deportivo
de La Coruña, su consolidación en primera se produjo durante
las seis temporadas que militó en el Sevilla, donde se consolidó
como uno de los metas más talentosos del panorama nacional.
Tanto fue así que incluso llegó a recibir la llamada del inglés
Terry Venables, por entonces técnico del Barça, para fichar por
el conjunto culé. Sin embargo, fue en ese año 1986 cuando se
terminó decantando por la opción del Real Madrid.

Su incorporación fue un acierto total si se tiene en cuenta que asumió la titularidad nada más llegar y tuvo un rendimiento inmediato. De esta forma, el gallego se convirtió en el indiscutible portero durante la época de la Quinta del Buitre, en la que los blancos dominaron el campeonato de liga y llegaron a rozar la gloria a nivel continental. Precisamente, en un encuentro frente a la Juventus de la Copa de Europa, se produjo la primera gran exhibición de Buyo, quien consiguió contener el acoso italiano con varias intervenciones de mérito durante el partido, si bien fue en la tanda de penaltis donde terminó de proclamarse como el héroe de los suyos al detener dos de los lanzamientos. Gracias a actuaciones como esta, tardó muy poco tiempo en ganarse a los aficionados del Real Madrid y en ser apodado «el Gato de Betanzos», debido a sus extraordinarios reflejos.

En algunos aspectos de su juego fue incluso pionero, ya que también fue uno de los primeros porteros que solía vivir los partidos fuera del área, pendiente de interceptar cualquier balón al espacio y de anticiparse a los atacantes rivales. Si bien correr este tipo de riesgos también le pudo suponer algún disgusto puntual, fueron muchas más las ocasiones en las que salvó a su equipo gracias a su valentía y determinación. Por si fuera poco, y también en línea con lo que vendría después, tenía un buen juego con los pies y un preciso saque con la mano. Lo que en la actualidad se exige a un buen portero, Buyo ya lo hacía cuarenta años antes. Por cosas como esta, no era de extrañar que algunos de los técnicos para los que jugó, como el holandés Leo Beenhakker, lo defendieran a capa y espada.

Pero, más allá de sus virtudes técnicas, si por algo se definió Buyo fue por ser un guardameta con el carisma y la personalidad necesarias para defender la portería madridista. No dejaba ningún detalle al azar y se pasaba las veinticuatro horas pensando en fútbol y estudiando a sus rivales para obtener cualquier tipo de ventaja. En este sentido, resultan especialmente memorables sus duelos individuales con el rojiblanco Paolo Futre, con quien mantuvo una intensa rivalidad sobre el césped que tuvo como momento más recordado la famosa «croqueta» que protagonizaron en un derbi disputado en 1989, con ambos jugadores rodando en el suelo de forma cómica a la par que sobreactuada tras chocar en una disputa. El pique era tal que la estrella portuguesa del Atlético llegó a reconocer que tenía colgada en su casa una foto del portero madridista, la cual miraba con rabia todas las mañanas y noches para motivarse en los días previos al derbi.

El gallego fue también de forma habitual objeto de las iras de las hinchadas rivales. En aquel fútbol en el que todavía se producían escenas que hoy nos parecerían inconcebibles, se vio por ejemplo cómo en El Sadar le llegaron a lanzar un petardo que provocó la consiguiente suspensión del partido. Pero, dejando al margen esta clase de episodios, la realidad es que Buyo fue uno de los grandes porteros españoles de la época, algo que probablemente no le fue lo bastante reconocido en la selección española, con la que apenas sumó siete internacionalidades. Más allá de las filias o fobias de los seleccionadores de turno, las cifras hablan por sí solas. En los cuatrocientos cincuenta y cuatro partidos que disputó con el Real Madrid, conquistó doce títulos, siendo el portero menos goleado durante dos temporadas. Además, el de Betanzos ostentó durante muchos años el récord de imbatibilidad en el marco madridista tras encadenar setecientos nueve minutos sin encajar un gol. Y, por si todo ello fuera poco, también logró convertirse en el primer jugador español que superó la barrera de los quinientos partidos disputados en liga.

Terminó dejando el club blanco y colgando los guantes en 1997, después de la única temporada en la que no gozó de la titularidad por decisión de Fabio Capello. Al parecer, el técnico italiano quería un portero de mayor envergadura y Buyo se subió a una banqueta para preguntarle si así le servía. Genio y figura hasta el final, lo que nadie podrá discutir es que fue un guardameta que supo estar a la altura de un Real Madrid que con él atravesó una de sus mejores épocas.

Paco Gento

El nombre de Paco Gento resuena en la mente de los aficionados del Real Madrid como una de las mayores leyendas del club blanco. El futbolista cántabro tuvo el honor de convertirse en el primer jugador de la historia en levantar seis Copas de Europa, dejando patente su idilio con la competición y su incomparable afán competitivo, que le llevaron a ser uno de los mejores extremos izquierdos que hayan existido.

Gento debutó en primera división con el equipo de su tierra, el Racing de Santander, donde comenzó a destacar gracias a su notable rendimiento y unas cualidades fuera de lo común. Tras ello, el Real Madrid no lo dudó y consiguió hacerse con los servicios del jugador, cerrando uno de los fichajes más importantes de su historia, tanto por su nivel como por la ingente cantidad de títulos que logró durante su estancia en el club.

La Galerna del Cantábrico, apodo que se forjó gracias a su velocidad y su potencia física, permaneció durante dieciocho temporadas en el equipo, disputando seiscientos partidos con la casaca blanca y dejando un legado que, en aquella época, parecía inigualable. El hito de conquistar cinco Copas de Europa consecutivas, entre 1956 y 1960, siendo una pieza básica del ataque madridista junto a futbolistas de la talla de Di Stéfano, Kopa, Rial o Puskas, sigue imbatido, mientras que el logro de ser el único jugador con seis Copas de Europa ha permanecido intacto durante cincuenta y ocho años, hasta que Carvajal, Nacho Fernández, Modrić y Kroos consiguieron igualarlo tras la consecución de la decimoquinta Champions del Real Madrid en Wembley en 2024.

Gento, además, fue capaz de marcar en dos finales europeas consecutivas, frente a la Fiorentina en 1957 y ante el Milan en

1958, aunque posteriormente tuvo que esperar seis años, desde 1960 a 1966, para ampliar su nómina de Copas de Europa con aquella final en Bruselas en la que el equipo de Miguel Muñoz remontó el partido gracias a los tantos de Amancio y Serena en los últimos veinte minutos del choque y en la que el cántabro acabó levantando el trofeo como capitán en un equipo formado por once jugadores españoles.

Junto a los títulos, la huella que dejó aquel Real Madrid de la década de los cincuenta y los sesenta fue propia de un equipo de absoluta leyenda. En la memoria quedan partidos tan increíbles como la final de la Copa de Europa de 1960, en la que el equipo, liderado por el tridente mágico formado por el propio Gento, Di Stéfano y Puskas, arrolló al Eintracht Frankfurt en Glasgow por un marcador de siete a tres, con el cántabro causando estragos en la defensa alemana y sus dos principales socios en el ataque repartiéndose los siete tantos que anotó el equipo blanco, cerrando un lustro irrepetible en Europa y firmando la que para muchos es la mejor final de la historia del Viejo Continente.

Su habilidad para sortear rivales, ya fuera por su prodigiosa velocidad o por sus regates, le convertía en un futbolista muy desequilibrante. La capacidad para arrancar tras recibir el balón y protagonizar esprints y eslálones de grandes distancias con el esférico pegado a su zurda no tenía competencia, lo que provocaba que el cántabro fuera un futbolista prácticamente imparable. Además de todo ello, su facilidad goleadora, con ciento ochenta y dos tantos en seiscientos partidos, hacía de él un jugador temible, lo que generaba el pánico entre las defensas rivales. Gento era alguien nacido para jugar en el Real Madrid. Firmó dieciocho temporadas de ensueño que condujeron al club a una dimensión superior, erigiéndose en el rey de Europa gracias, en buena parte, a las cinco Copas de Europa consecutivas que la Galerna del Cantábrico consiguió.

Pero, al margen de su época dorada en Europa, el Real Madrid extendió su dominio al ámbito doméstico, y de la mano de Gento logró doce de las dieciocho ligas en las que participó el cántabro, además de dos Copas de España, una Copa Intercontinental, dos Copas Latinas y una Pequeña Copa del Mundo. Tras su retirada, el club le rindió numerosos homenajes por su bagaje futbolístico y su compromiso con el conjunto blanco, del que fue presidente de honor durante más de cinco años, hasta su fallecimiento en enero de 2022. Sin embargo, Paco Gento perdurará durante siglos como una de las figuras más importantes de la historia del Real Madrid.

Predrag Mijatovic

Predrag Mijatovic es el paradigma de que no siempre es necesario estar mucho tiempo en un lugar para tener un impacto mayúsculo. El jugador balcánico llegó al Real Madrid en 1996 procedente del Valencia, tras un periplo muy destacado en la ciudad del Turia, y en solo tres años fue capaz de hacerse un hueco entre las leyendas del club gracias a su impacto y al inolvidable tanto que anotó en la final de la Copa de Europa de 1998, siendo el protagonista del cero a uno que dio la Séptima y puso fin a treinta y dos años de sequía madridista en la máxima competición continental.

Mijatovic destacaba por su capacidad rematadora y por tener una relación muy especial con el gol, algo propio de un depredador del área, junto a su habilidad regateadora para superar rivales. Todo ello, unido a un carácter ganador y competitivo propio de su región natal, Podgorica, capital hoy de Montenegro y perteneciente a la antigua Yugoslavia, le convirtió en un futbolista muy querido por la afición blanca. Asimismo, con la selección se proclamó campeón del mundo juvenil, además de sumar sesenta y cinco internacionalidades y participar en una Eurocopa y un Mundial.

Durante su etapa en el Real Madrid, Mijatovic disputó ciento dieciocho encuentros y anotó treinta y seis goles, por lo que fue muy importante en la delantera del equipo blanco durante los tres años que permaneció en él. El atacante balcánico llegó tras una temporada sobresaliente en Valencia, donde consiguió anotar veintiocho goles en cuarenta partidos en su última campaña con el club de Mestalla. Tras esta irrupción goleadora, el Real Madrid no dudó en acometer su incorporación pagando su cláusula de rescisión para reforzar una delantera algo huér-

fana después de la salida de varios jugadores importantes de la entidad blanca. El montenegrino llegó a la capital sediento de títulos, y su voracidad competitiva quedó patente desde el primer momento en que vistió la camiseta madridista.

Petición expresa de Fabio Capello, técnico del Real Madrid por aquel entonces, Mijatovic aterrizó en Concha Espina con el título de liga debajo del brazo, contribuyendo decisivamente a su consecución con catorce tantos y un notable impacto en el juego. Además del trofeo liguero de la temporada 1996-1997, el balcánico sumó tres insignias más a su palmarés hasta su salida en 1999: una Copa Intercontinental, una Supercopa de España y la tan ansiada Copa de Europa, que marcó un punto de inflexión en la trayectoria del Real Madrid.

Por su importancia histórica y todo lo que supuso para el club, la Séptima sigue siendo una de las Copas de Europa más especiales para el madridismo. Tras las cinco Copas de Europa consecutivas en la segunda mitad de la década de los cincuenta y la conseguida en Bruselas en 1966, el Real Madrid vagaba por la competición sin ser capaz de volver a levantar un título que se le resistió durante más de treinta años. Fue en 1998, de la mano de un Mijatovic que pasaba a los anales de la historia, cuando el equipo dirigido por Jupp Heynckes se impuso con la solitaria diana del montenegrino después de hacerse con un rechace dentro del área y definir con maestría tras fintar y engañar al guardameta de la Juventus. Aquel gol desató la locura en Ámsterdam y, junto a una defensa casi perfecta, sirvió para devolver al Real Madrid a lo más alto del fútbol europeo.

Mijatovic alternaba acciones brillantes dentro del área, donde siempre era capaz de encontrar un hueco para detectar el mejor momento y definir con sangre fría, con una gran capacidad para rematar al primer toque, aprovechando los servicios de sus compañeros. El «8» madridista compartió delantera con Suker y unos jóvenes Raúl González y Fernando Morientes que comenzaban a despuntar, conformando una nómina de arietes muy destacada.

Tras su retirada, Mijatovic ejerció como director deportivo del Real Madrid durante tres años, entre 2006 y 2009, un trienio en el que el club sumó dos nuevos títulos de liga a su extenso palmarés. El montenegrino formará parte para siempre de la historia madridista con uno de los goles más rememorados por la afición, tanto por su valor emocional como por su trascendencia histórica, devolviendo el prestigio continental al equipo blanco y perpetuando el trono europeo que a día de hoy aún ostenta.

Rafael Gordillo

Sus arrancadas por la banda izquierda y sus medias bajadas constituyen una imagen grabada en la retina de los aficionados que tuvieron la suerte de verlo en acción. Rafael Gordillo nació en el municipio pacense de Almendralejo debido a que su padre, también futbolista profesional, militaba en aquel momento en las filas del Extremadura. Sin embargo, Sevilla fue siempre su ciudad y el equipo de su vida el Real Betis, donde se formó y jugó durante la mayor parte de su trayectoria. Vivió en el humilde barrio del Polígono de San Pablo, donde se pasaba los días jugando al fútbol con sus amigos. Durante su etapa en las categorías inferiores del club verdiblanco, en las que ingresó con quince años, incluso llegaba a ausentarse de los entrenamientos con tal de no perderse aquellas pachangas de barrio. Así era Gordillo, un chico rebelde que al principio no estaba demasiado convencido de que pudiera ganarse la vida dando patadas al balón, por lo que prefería jugar simplemente por diversión sin pensar demasiado en el futuro. Incluso llegó a dejar temporalmente la cantera bética para trabajar como chapista. Aquello duró apenas unos días, hasta que el joven comprobó lo duro que era levantarse a las seis de la mañana para ir al taller y volver ya de noche lleno de grasa. Le dijo a su padre que quería volver al fútbol y este no pudo ponerse más contento, pues siempre le animó a dedicarse a ello y solía comentar a todo el mundo que su hijo sería mejor futbolista que él.

Tras aquellas idas y venidas propias de la juventud, las cosas empezaron a ponerse serias cuando comenzó a ser convocado por el primer equipo. Aunque en un principio jugaba de extremo izquierdo, después lo cambiaron a la posición de lateral, que fue donde realmente acabó triunfando durante su carrera profesional. De clara vocación ofensiva, destacaba por su capacidad para incorporarse desde atrás y ser un puñal atacando los espacios. Tenía todas las condiciones para ello, ya que era un jugador eléctrico, veloz, con desborde y muy buen pie a la hora de servir los centros desde el costado. A todo ello hay que sumarle además una sorprendente facilidad para hacer gol tratándose de un futbolista que no dejaba de ocupar un puesto en la defensa. Fue así como durante su primer periplo como verdiblanco, entre los años 1977 y 1985, se fue consagrando como una de las figuras más sobresalientes del panorama nacional. Incluso fuera de España había quien apreciaba su talento, como fue el caso del mítico jugador holandés Ruud Gullit, quien, tras recibir el Balón de Oro, aseguró que él se lo habría entregado a Gordillo al considerarlo el «mejor jugador que pisa ahora los campos».

En ese momento, el de Almendralejo ya formaba parte del Real Madrid, a donde llegó con veintiocho años. La delicada situación económica que atravesaba el Betis fue fundamental para que se gestase su salto al conjunto blanco en un momento de su carrera en el que ni él mismo esperaba que sucediera. Gordillo tenía su vida muy hecha en Sevilla y le costó adaptarse a la capital madrileña, pero lo cierto es que todavía tenía muchísimo fútbol que dar y unos cuantos títulos por ganar. Casualidades del destino, tenía que ser precisamente su Betis el rival ante el que debutó como merengue en el estadio Benito Villamarín. El cariño que sentía por su exequipo era tal que incluso llegó a posar en la foto con los que hacía apenas unas semanas eran todavía sus compañeros de vestuario.

Llegado como fichaje de campanillas y apuesta personal del presidente Ramón Mendoza, el técnico Luis Molowny tampoco tuvo dudas a la hora de concederle la titularidad. El éxito fue inmediato, ya que su primera temporada como madridista, la 1985-1986, se saldó con los títulos de liga y Copa de la UEFA. Especial mención mereció su papel en la competición europea, donde se lució con actuaciones como la protagonizada en la victoria por cinco a uno contra el Inter. Los blancos necesitaban remontar el tres a uno de la ida y el lateral fue determinante al hacer el segundo tanto de los suyos, además de ser durante todo el choque una pesadilla para Bergomi, quien era uno de los defensores más duros de la época. Por si fuera poco, volvió a marcar en la ida de la final ante el Colonia, con otro triunfo por cinco a uno en el Bernabéu que dejó el título prácticamente sentenciado.

Con la llegada de Leo Beenhaker al banquillo durante la siguiente campaña y la eclosión de la Quinta del Buitre, Gordillo creció todavía más y se convirtió en un pilar fundamental de aquel equipo que fue absoluto dominador en liga durante varios años. Algunos de sus goles también fueron trascendentales en los títulos que el Real Madrid conquistó durante aquella época. Una de sus actuaciones más memorables en este sentido fue la que protagonizó en la final de Copa del Rey ante el Real Valladolid disputada el 30 de junio de 1989. A los cinco minutos de encuentro, los blancos trazaron una rápida combinación en zona de tres cuartos y Gordillo entró como un puñal desde la izquierda para recibir la pelota y picarla ante la salida del guardameta Ravnic. No se volvería a mover el marcador tras ese solitario tanto del extremeño que decantó la final del lado de los blancos. Por actuaciones como esta, no sorprende que fuese un fijo para Beenhaker en aquel recordado equipo, ya fuera ocupando la posición de lateral o de extremo zurdo. No obstante, tras la llegada de John Toshack al banquillo en la temporada 1989-1990, el ex del Betis también tuvo un sobresaliente rendimiento ocupando la posición de carrilero.

Sus últimas dos campañas en el Santiago Bernabéu tuvieron lugar en un plano algo más discreto, lo cual no debe restar brillo a su excelente periplo como madridista. Su tierra le tiraba mucho y siempre que podía se escapaba a Sevilla, ya fuera con el pretexto de la Semana Santa o la Feria de Abril, aunque ello le pudiera suponer una sanción por parte del club. Ni por esas podían enfadarse con Gordillo en los despachos de la entidad de Chamartín; había que quererlo tal y como era. Después de todo, lo importante es que el madridismo tuvo la suerte de disfrutar de uno de los grandes futbolistas españoles de la época, quien fue también un puntal en la selección de aquellos años. En el verano de 1992, tras siete temporadas en el club blanco, decidió regresar al Betis para rescatarlo de la segunda división. Una vez cumplido el objetivo, terminó colgando las botas en el Écija Balompié tras jugar de nuevo en la categoría de plata. Resulta innegable que en el corazón de Gordillo siempre ha predominado el color verdiblanco, pero el Real Madrid también ocupa un hueco importante. Para los aficionados merengues fue simplemente un privilegio.

Rafael Martín Vázquez

Los entendidos le consideraban como el más talentoso de los integrantes de la Quinta del Buitre. Siempre quedará la duda de qué habría pasado en caso de haber desarrollado todo su potencial, el cual pudo verse limitado por la mala fortuna y determinadas circunstancias que se produjeron en su carrera. En cualquier caso, para aquel Real Madrid de la segunda mitad de los ochenta fue un lujo contar con un futbolista de la categoría de Rafael Martín Vázquez. Y eso que, empezando por el principio, hay que decir que no fue nada sencillo incorporarlo a la cantera, debido a que el padre Irineo, su entrenador en el equipo de los Escolapios, tuvo sus discrepancias a la hora de dejarlo marchar. Lo cierto es que, ya en ese momento, el chico llamaba poderosamente la atención por su destreza con el balón y calidad con las dos piernas. Su ascenso en la cantera blanca fue fulgurante hasta integrar el recordado equipo del Castilla que se proclamó campeón de segunda división en 1984, en el cual comenzó a gestarse la generación de futbolistas que tantas alegrías traería a los aficionados blancos en los años venideros. Por aquel entonces ya alternaba sus actuaciones en el filial con el primer equipo, con un Alfredo Di Stéfano que depositó plena confianza en él y le hizo debutar junto a Manolo Sanchís en un partido frente al Murcia disputado el 4 de diciembre de 1983.

Por aquel entonces, Martín Vázquez tenía apenas diecisiete años y era el más joven de los integrantes de la Quinta. A diferencia de lo que sucedió con Butragueño, Míchel o Sanchís, cuya explosión fue prácticamente inmediata, al interior zurdo le llevó más tiempo tirar la puerta en el Real Madrid, lo cual no quitó que dejase destellos de su calidad excepcional. Así sucedió, por ejemplo, durante su estreno goleador contra el Mallorca, logrado el 25 de marzo de 1984, cuando dejó boquiabierto a todo el Santiago Bernabéu tras empalmar un espectacular disparo desde fuera del área. Durante sus primeras tres temporadas en el primer equipo, siempre se le consideró un futbolista tremendamente prometedor, pero que no terminaba de tener los minutos o las oportunidades que quizá merecía, una situación que incluso despertó el interés de otros clubes, como el Barça o el Atlético, al acecho de poder hacerse con el fichaje de un jugador que ya era muy codiciado en ese momento. El centrocampista insistió en su sueño de triunfar como madridista y las puertas de la titularidad se le abrieron en la temporada 1986-1987, cuando confluyeron varias circunstancias, como la baja por hepatitis de Valdano y la dura sanción a Juanito por pisar la cabeza a Matthäus.

Evidentemente, el joven jugador también se ganó el sitio a base de buenas actuaciones, como el doblete que firmó en un derbi liguero ante el Atlético. A partir de aquella victoria frente a los rojiblancos en el Santiago Bernabéu, pasó a ser un fijo en los esquemas del técnico Leo Beenhakker. El interior zurdo se convirtió en el hilo conductor del juego madridista. Sus rápidas y precisas conducciones, su visión de juego y su temible disparo lejano le convierten en uno de los futbolistas más talentosos de aquel equipo de la Quinta del Buitre, que, ya en ese momento, era una máquina perfectamente engrasada y al que únicamente se le resistía la Copa de Europa. Bien es cierto que nunca fue un jugador dado al lucimiento personal y que en muchas ocasiones prefería regalar goles a sus compañeros en lugar de marcarlos él mismo. Muestra de ello es que por aquel entonces sus cifras anotadoras solo rondaban la media docena de tantos por temporada. Todavía existía la sensación de que al centrocampista le faltaba un peldaño para eclosionar en la estrella que todos esperaban.

Y es así como llegamos al curso 1989-1990, el cual fue sin lugar a dudas el de su explosión definitiva. Bajo las órdenes de John Toshack, mostró su versión más desatada y pulverizó todos los registros al terminar el año con catorce dianas, las cuales fueron una aportación muy valiosa en aquel recordado equipo que firmó la liga de los récords con ciento siete goles a favor. Quizá solo con el permiso de Hugo Sánchez, que aquella campaña también la rompió firmando treinta y ocho tantos, en ese momento se podía hablar de Martín Vázquez como la gran figura del conjunto madridista.

Y fue precisamente en este momento tan álgido cuando se produjo el que probablemente fue el giro más insólito de su carrera. Después de no llegar a un acuerdo con el presidente Ramón Mendoza para la renovación de su contrato y de que ambos protagonizaran un agrio enfrentamiento, el futbolista decidió abandonar el club blanco y fichar por el Torino, donde se convirtió en el mejor pagado de la Serie A. Lo cierto es que, a partir de ese momento, el rendimiento del centrocampista ya no volvió a ser el mismo, cuyo nivel durante sus dos temporadas en el *Calcio* estuvo muy alejado de las enormes expectativas que levantó su fichaje. Curiosamente, sí tuvo tiempo para apear al Real Madrid de las semifinales de la Copa de la UEFA tras regresar al Santiago Bernabéu la noche del 31 de marzo de 1992, la cual desgraciadamente quedó marcada por el trágico fallecimiento de Juanito en un accidente de tráfico cuando regresaba de ver dicho partido. Precisamente, Martín Vázquez fue una de las últimas personas en hablar con el mito malagueño, quien le fue a visitar al vestuario tras finalizar el choque.

Tras su discreto paso por el fútbol transalpino, el centrocampista probó suerte en el Olympique de Marsella, donde protagonizó una fugaz y extraña etapa (al mes de llegar, desde el club le comunicaron que le querían traspasar) antes de regresar al Real Madrid en el verano de 1993. Tanto el jugador (quien había asegurado que no regresaría mientras siguiera Mendoza al frente) como el presidente dejaron a un lado sus rencillas del pasado a la hora de sellar el acuerdo, mientras que el entonces técnico Benito Floro le recibió con los brazos abiertos, mostrándose convencido de que recuperaría su mejor nivel. Sin embargo, la suerte no terminó de acompañar a Martín Vázquez en esta segunda etapa en el Santiago Bernabéu que se prolongó durante tres campañas, en las que estuvo lastrado por la falta de continuidad a causa de varias lesiones musculares. Finalmente, en 1995 quedó libre y fichó por el Deportivo de la Coruña, mientras que dos años más tarde acabaría colgando las botas en el Karlsruher, de la Bundesliga.

Quizá su final en el Real Madrid no fue el soñado para un futbolista que atesoraba un potencial tremendo y que a lo mejor mostró de forma demasiado puntual. Y es que muchos se siguen preguntando hasta dónde habría llegado si, por ejemplo, hubiera permanecido en la capital española en lugar de marchar a Italia cuando se encontraba en su mejor momento. En cualquier caso, el madridismo se queda con lo positivo y atesora un magnífico recuerdo del interior que puso la magia en aquella Quinta del Buitre que sigue siendo la debilidad futbolística de muchos seguidores.

Raúl González

Nadie sabe qué habría pasado si el entonces presidente del Atlético de Madrid Jesús Gil no hubiera cerrado la cantera del club rojiblanco en 1991. Lo que sí se supo con el paso del tiempo es que aquella decisión que tomó alegando razones económicas quedaría marcada por un nombre propio, pues de rebote supuso el comienzo de una leyenda en el otro bando de la capital.

Dos años después de su incorporación a las categorías inferiores del Real Madrid, Raúl González Blanco hizo su debut oficial con el primer equipo ante el Zaragoza en La Romareda. El entrenador argentino Jorge Valdano fue quien decidió otorgarle la titularidad aquel 29 de octubre de 1994. Bien es cierto que el encuentro no salió todo lo bien que cabía esperar para los blancos, que acabaron derrotados por tres a dos. Quizá acusando los nervios del estreno, el delantero de tan solo diecisiete años perdonó alguna que otra clara oportunidad, pero también tuvo tiempo para dejar muestras de su talento regalando una asistencia.

Cualquier mínima duda quedó disipada una semana después en el derbi ante el Atlético, cuando, ironías del destino, rubricó su primera actuación en el Santiago Bernabéu con un golazo. El jovencísimo atacante recibió dentro del área un envío de Michael Laudrup y, con mucha clase, definió de primeras con el interior de la zurda para alojar la pelota en la escuadra. Más allá de ese tercer tanto (el choque finalizó con victoria madridista por cuatro a dos), el atacante firmó una actuación muy completa provocando el penalti que supuso el primer gol de Míchel González y asistiendo a Iván Zamorano en el segundo.

Su ascenso como pieza importante del equipo fue imparable desde ese momento. Y es que, como era de esperar, muy pronto rompió a marcar goles y levantar títulos. De los nueve tantos que

anotó en su primera temporada pasó a convertir veintisiete y veintiséis en las dos siguientes, con una aportación fundamental para la conquista de sus dos primeros títulos de liga. Ya en ese momento estábamos ante una figura consagrada en todos los aspectos. Como muestra de este nuevo estatus, heredó el mítico dorsal 7, que hasta entonces había pertenecido a Butragueño. En una delantera temible también integrada por figuras como Mijatovic, Suker y Morientes, Raúl era sin duda la joya de la corona.

Los éxitos continuaron llegando, figurando entre ellos su primera Copa de Europa, del 20 de mayo de 1998, la tan ansiada Séptima para el Real Madrid. Aquella final en el Ámsterdam Arena que disputó como titular fue solo el comienzo de su idilio con la máxima competición continental.

El siguiente momento memorable de su carrera tuvo lugar apenas unos meses más tarde, pues cómo olvidar su célebre gol del Aguanís, que permitió a los suyos conquistar la Intercontinental ante el Vasco da Gama el 1 de diciembre de 1998. Un regate de barrio con un curioso origen que nos remonta a su infancia y que acostumbraba a hacer en los campos de tierra del San Cristóbal. «¡Haz la del Aguanís!», solían gritarle cuando las cosas se ponían feas en un partido. Y con ese mismo nombre se bautizó la jugada que dio la vuelta al mundo, en la que tumbó a dos defensores y al portero del conjunto brasileño con sendos amagos antes de empujar el balón a la red y dar el triunfo a los suyos. Una acción que también se puede considerar un perfecto reflejo de su fútbol. A diferencia de otros grandes delanteros de la historia, quizá Raúl no era un prodigio físico ni técnico, pero lo suplían con creces su inteligencia, su contundencia en el área rival y su mentalidad ganadora en momentos decisivos.

Si por algo destacó Raúl también es por su nobleza y deportividad sobre el césped, como demuestra el hecho de que nunca vio una tarjeta roja en los más de mil partidos oficiales que disputó a lo largo de su trayectoria, lo cual no quita que también pudiese mostrar una fuerte personalidad en momentos puntuales, como en su famosa celebración de gol durante un clásico haciendo el gesto de mandar callar al Camp Nou o la noche en la que se encaró con el intimidante guardameta del Bayern Oliver Kahn.

Siendo una de las mayores leyendas del Real Madrid, la carrera del «7» tampoco podía estar exenta de actuaciones emblemáticas en la UEFA Champions League, competición en la que llegó a ser máximo anotador histórico con setenta y una dianas (Cristiano Ronaldo, Messi, Lewandowski y Benzema superarían este registro con posterioridad). Una de esas apariciones estelares tuvo lugar en Old Trafford el 19 de abril del 2000, donde anotó un doblete que permitió a los blancos imponerse por dos a tres y sellar el pase a semifinales. Y, en esa misma edición de la máxima competición continental, no menos importante resultó su actuación en la final disputada en Saint-Denis, donde lideró la conquista de la Octava marcando el tres a cero definitivo. Con un Valencia ya completamente volcado en ataque, Raúl recibió la pelota en campo propio, transitó hasta el área rival sin apenas encontrar oposición y se zafó de Cañizares en el mano a mano para dejar el título sentenciado.

Dos años después volvería a tener un papel providencial en el camino a la Novena. Suyo fue el gol ante el Barça que dejó prácticamente encarrilado el pase a la final, en el choque de vuelta disputado en el Santiago Bernabéu. El «7» demostró ser mucho más que un jugador de área y, poco antes del descanso, abrió el marcador con un zurdazo que pulverizó la escuadra de la portería azulgrana. En la final disputada el 15 de mayo de 2002 en Glasgow, llegaría otro de los instantes más recordados de su carrera en una acción de máxima pillería. Tras un larguísimo saque de banda de Roberto Carlos, el punta demostró ser el más listo de la clase con un desmarque que cogió completamente desprevenida a la defensa del Bayer Leverkusen y enganchó la pelota de primeras para poner el cero a uno. Cabe destacar que con este gol ingresaba en el selecto club de jugadores que han conseguido anotar en varias finales de Champions.

Entre ambos títulos europeos, tampoco se puede pasar por alto lo ocurrido en el año 2001, cuando Raúl partía como el mejor posicionado para recibir el Balón de Oro y, contra todo pronóstico, este se lo terminó llevando Michael Owen en una de las ediciones más polémicas que aún se recuerdan de este galardón. Era un reconocimiento que sin duda habría hecho justicia a la carrera del «7», la cual en ese momento se encontraba posiblemente en su pico. No en vano, esa temporada 2000-2001 alcanzó su mejor registro anotador con treinta y dos dianas en todas las competiciones, fundamentales para conquistar los títulos de liga y Supercopa de España. En 2002, además de la citada conquista de la Novena, Raúl continuó ampliando su palmarés y levantó la Supercopa de Europa y su segunda Copa Intercontinental, mientras que en 2003 llegaron su cuarta liga y su tercera Supercopa de España.

Más allá de los éxitos, la trayectoria de Raúl tampoco estuvo exenta de momentos complicados, como la grave lesión de ligamento cruzado sufrida en un clásico el 19 de noviembre de 2005, la cual interrumpió de forma abrupta su carrera en un momento complicado para el equipo. Y es que en este sentido tampoco le ayudó la época de inestabilidad que atravesó el club entre los años 2004 y 2006, periodo de tiempo en el que pasaron hasta seis entrenadores diferentes por el banquillo. En aquel Madrid galáctico plagado de estrellas Raúl fue relegado a posiciones más alejadas del área y no pudo lucir muchas de sus virtudes. Con el regreso de Fabio Capello para la temporada 2006-2007, sucedido por Bernd Schuster en la siguiente, el atacante recuperó cierta jerarquía y con sus goles fue determinante para levantar dos títulos de liga consecutivos.

Su último curso como merengue, el 2009-2010, puede interpretarse también como el de un relevo generacional, coincidiendo su presencia en la plantilla con la de Cristiano Ronaldo. Mención especial merece también su último gol marcado en liga en el escenario que dieciséis años antes le vio debutar. De nuevo frente al Zaragoza en La Romareda protagonizó su último servicio firmando lo que popularmente se conoce como «el gol del cojo». Y es que, a pesar de estar aguantando en el terreno de juego con un esguince de tobillo, se las arregló para embocar a gol el último balón que tocó con la camiseta blanca. Genio y figura, el «7» madridista no podía despedirse de otra forma, ya que ese esguince le impidió regresar en las cuatro jornadas de campeonato que restaban y en verano se produjo su salida al Schalke 04.

De este modo, Raúl puso punto y final a una extensa etapa en el Real Madrid que duró dieciséis temporadas y en la que conquistó dieciséis títulos (seis ligas, cuatro Supercopas de España, tres Ligas de Campeones, una Supercopa de Europa y dos Intercontinentales), además de situarse en aquel momento como máximo realizador de la historia del club, con trescientos veintitrés goles, cifra con la que superó las trescientas ocho dianas de Alfredo Di Stéfano. Hasta que Cristiano Ronaldo y Karim Benzema rompieron este récord, lo cierto es que no hubo ninguno a su altura. A día de hoy sigue ostentando el honor de ser el futbolista con más encuentros oficiales disputados en el Real Madrid, con un total de setecientos cuarenta y un partidos. Palabras mayores para quien es sin duda uno de los auténticos mitos del club más laureado de la historia. Más allá de sus goles y sus éxitos, conviene resaltar también una actitud ejemplar en todos los aspectos, lo que le convierte en uno de los jugadores que mejor representa los valores del Real Madrid, unos valores que sigue trasladando como técnico en su ascendente periplo por las categorías inferiores del club, dirigiendo primero al juvenil y actualmente al Castilla. Solo el tiempo dirá hasta dónde llega como entrenador o si sigue el ejemplo de otras leyendas que triunfaron tanto en el terreno de juego como en el banquillo. Lo indiscutible es que como jugador lo consiguió prácticamente todo.

Raymond Kopa

La historia de amor entre Raymond Kopa y el Real Madrid nació de una forma un tanto paradójica. El conjunto blanco era el rival del Stade de Reims, equipo que en 1956 lideraba el jugador galo, en la primera final de la Copa de Europa, que se estrenaba en ese año. El cuadro madrileño conquistó su primer trofeo en la máxima competición continental inaugurando su casillero de remontadas tras revertir dos marcadores adversos en el partido por el título, imponiéndose por cuatro a tres a la escuadra francesa. Pero el fichaje de Kopa ya había quedado pactado y, después de la gran final por el cetro europeo, se unió a la disciplina madridista, dando lugar a un trienio de máximo esplendor en la Casa Blanca.

Antes de sus inicios en el fútbol, Kopa sufrió un accidente trabajando en la mina que le hizo perder un dedo de la mano izquierda, aunque aquello no le impidió desarrollar una carrera profesional de auténtica enjundia. Delantero centro consagrado en su país, el galo llegó a un Real Madrid que aglutinaba una cantidad de talento extraordinaria en su delantera. Rial, Di Stéfano y Gento formaban un tridente que había llevado al club a vencer en la primera edición de la Copa de Europa, pero la ambición era seguir extendiendo el dominio, como dejó patente el fichaje del ariete francés.

La coexistencia con Di Stéfano y su compatibilidad con el hispanoargentino sobre el terreno de juego eran la principal incógnita a la que se enfrentaba en su llegada a Madrid, pero el galo se encargó de despejar cualquier atisbo de duda con una adaptación inmejorable. Su inteligencia le permitió reubicarse en la banda derecha y seguir rindiendo a un nivel altísimo, sumando un nuevo *crack* al ataque blanco. Aquel cuarteto formado por

Kopa, Rial, Di Stéfano y Gento elevó al Real Madrid a los altares del fútbol, convirtiendo en leyenda a un equipo que arrasó en el primer lustro de vida de la Copa de Europa. Para colmo, en 1958 añadió a Ferenc Puskas a su alineación, cerrando una nómina de atacantes sin precedentes en el fútbol mundial. Como bien señaló el propio Kopa, sería imposible calcular lo que valdría ahora aquel quinteto, que pasó a la historia como una de las mejores delanteras que hayan existido en el deporte rey.

De aquellos cinco títulos de la Copa de Europa, Kopa vivió tres con la elástica blanca, coincidiendo con las tres temporadas que permaneció en el club, perpetuando un dominio incontestable en el Viejo Continente y contribuyendo a situar al Real Madrid en otra dimensión. Su catálogo de recursos, con goles, regates y asistencias de toda índole, resultaron decisivos en una de las etapas más brillantes de la historia madridista. El francés superó el centenar de partidos con la camiseta blanca, anotando treinta goles y haciéndose indiscutible en la banda derecha del once.

«El Napoleón del fútbol», como le apodaban en Francia, poseía una gran habilidad en espacios reducidos que le permitía superar rivales con facilidad, lo cual le convertía en un jugador desequilibrante. A pesar de no poseer un físico ni mucho menos privilegiado, sus capacidades futbolísticas eran propias de un superdotado, siendo capaz de conservar el esférico en sus pies y mantener la posesión del balón casi a su antojo. Su velocidad mental le convirtió en un futbolista muy importante en el esquema blanco, aportando en muchas facetas al margen de la puramente goleadora. Todas estas características, de un inmenso valor para el Real Madrid, le permitieron ganar el Balón de Oro en 1958, un galardón que reconocía la trayectoria de una leyenda del balompié. La audacia de Santiago Bernabéu, presidente del club blanco en aquella época, permitió sumar un futbolista de categoría mundial a un equipo que ya de por sí era el referente en España y en Europa, como probaban los éxitos que cosechaba cada temporada en forma de títulos.

En 1959 Raymond Kopa regresó al Stade de Reims tras un periodo de tres años mágicos en el Real Madrid y permaneció en su país natal hasta su retirada en 1966. Fallecido en 2017, el futbolista galo acumuló un palmarés de absoluta leyenda, con seis títulos en el trienio que vivió como madridista: las tres mencionadas Copas de Europa consecutivas, dos ligas y una Copa Latina.

Roberto Carlos

Hay jugadores que, aparte de ser geniales e irrepetibles, consiguen trascender más allá y dejar un legado. Ese es, sin duda, el caso de Roberto Carlos, el prodigioso lateral izquierdo con alma de atacante que reinventó su posición, para mayor gloria de un Real Madrid en el que fue un pilar fundamental durante once temporadas. Los zambombazos y las carreras del brasileño no solo fueron un inagotable filón ofensivo para el equipo merengue, sino que además se pueden considerar patrimonio histórico del fútbol.

En este sentido, si de algo puede presumir el entrenador italiano Fabio Capello, más allá de éxitos o resultados, es de ser el hombre que apostó por él cuando todavía era un futbolista desconocido para la mayor parte del público. Hasta entonces, el lateral había despuntado en su país natal con el Palmeiras, si bien su salto a Europa con el Inter había dejado ciertas dudas. La única temporada que disputó en Italia fue caótica hasta el punto de que ocupó las posiciones de centrocampista y de delantero. No supieron apreciar en el conjunto *neroazzurro* el tremendo potencial del futbolista, de entonces veintitrés años, a quien colocaron el cartel de Transferible. El suyo era un talento del que sí se percató Capello, quien nada más llegar al banquillo en el verano de 1996 solicitó su fichaje al entonces presidente Lorenzo Sanz. La entidad merengue llegó a desembolsar la nada desdeñable cantidad de seiscientos millones de pesetas (unos tres coma cinco millones de euros al cambio) para hacerse con los servicios del defensor, cifra que pudo generar ciertas suspicacias en su momento, pero que en poco tiempo se demostró insignificante para un futbolista de semejante calidad.

Y es que hay que decir que el comienzo del «3» fue inmejo-

rable, pues debutó anotando el único gol de los suyos frente al Deportivo de la Coruña en Riazor. Bien es cierto que tuvo algo de fortuna, ya que ese tanto que significó el uno a uno definitivo se coló en la portería tras tocar en un defensor. Sin embargo, mucho más espectacular si cabe fue el que anotó pocas semanas después ante el Betis en el Benito Villamarín, con un potentísimo lanzamiento de libre directo que se coló por el palo del guardameta. Fue el primero de los muchos goles a balón parado que firmó durante su etapa en el equipo merengue, cuyos disparos llegaban a alcanzar los ciento cuarenta kilómetros por hora y sembraban el pánico entre los rivales.

Con esa zurda tan excepcional y que tantas alegrías traería al madridismo, el brasileño presentaba sus credenciales en una primera temporada en la que ya se consagró como titular indiscutible y fue una figura importante de cara al título de liga que acabaron conquistando los blancos. Pero más determinante si cabe fue su papel durante la campaña siguiente en el camino a la Séptima. Las cifras en este sentido resultan hasta escandalosas tratándose de un defensor, ya que, durante los nueve partidos que disputó en aquella edición de la Champions League, intervino directamente en ocho goles de su equipo, con dos tantos y seis asistencias. Algunas de estas acciones fueron además de gran importancia, como el «caramelo» que sirvió a Fernando Morientes para que este abriera la cuenta contra el Borussia Dortmund en la ida de semifinales. Todo ello por no hablar de que, gracias a un centrochut del brasileño, también nació la jugada que Mijatovic acabó transformando en el histórico gol que decantó el título en la final de Ámsterdam.

Curiosamente, la historia se repetiría por partida doble cuatro años después en Glasgow, donde el lateral, de nuevo, fue el origen de los goles de Raúl y Zidane que supusieron la Novena ante el Bayer Leverkusen. Meses después, también fue providencial en la Supercopa de Europa ganada al Feyenoord firmando el segundo tanto de los suyos y siendo elegido como el mejor jugador del encuentro. En definitiva, hablamos no solo de un futbolista con un rendimiento asombrosamente regular (promedió seis goles por temporada), sino que además acostumbraba a aparecer en los momentos decisivos.

De hecho, así volvió a suceder durante la consecución de la liga 2002-2003, cuando salió al rescate de los suyos en una cita trascendental. Era la última jornada del campeonato y el Real Madrid estaba obligado a vencer al Athletic en el Santiago Bernabéu, pues, en caso de pinchazo y de triunfo de la Real Sociedad, serían los donostiarras quienes se llevarían el título. En esta ocasión, el lateral izquierdo volvió a exhibir su habitual jerarquía asistiendo primero a su compatriota Ronaldo en la acción del uno a cero. No obstante, la jugada decisiva del choque llegó justo antes del descanso, en una falta peligrosísima desde la frontal. El lanzamiento solo podía llevar el nombre del brasileño, quien se sacó uno de sus habituales misiles que perforó la portería defendida por Aranzubia. Fue un gol de los que denominan «psicológicos», ya que dejó sin capacidad de reacción al cuadro rojiblanco en el segundo tiempo y aseguró el título.

Resulta asombroso comprobar cómo, a pesar del transcurso de los años, el «3» seguía atesorando unas condiciones físicas excepcionales. Cabe destacar en este sentido que en 2006, cuando tenía treinta y tres años, seguía siendo el hombre más rápido de la plantilla en las pruebas físicas, capaz de recorrer la distancia de cien metros en apenas diez coma nueve segundos. Tras las tres temporadas de sequía que el equipo atravesó entre 2004 y 2006, en las que prácticamente ningún jugador se libró de las críticas, Roberto Carlos enfrentó su último gran desafío con la camiseta del Real Madrid. Para la temporada 2006-2007 regresó Capello al banquillo y así se convirtió, curiosamente, en el primer y último técnico que dirigió al brasileño en el conjunto merengue. En el transcurso de esa campaña, el defensor había sido señalado por errores como el que cometió en la vuelta de octavos de final de Champions ante el Bayern, donde una pérdida de balón suya permitió a los alemanes tomar ventaja a los diez segundos de partido. Pero, cuando muchos le daban ya por acabado, sorprendió con el que sería su último «baile» en el Real Madrid. La jugada para el recuerdo tuvo lugar durante la jornada treinta y cinco de liga en el Nuevo Colombino, donde los blancos estaban obligados a vencer para seguir vivos en la pelea por el campeonato. Con dos a dos en el marcador y ya en el tiempo de descuento, el lateral zurdo realizó una de sus habituales incursiones por la banda para incorporarse a un contragolpe a la desesperada de los suyos. Ni la edad ni el minuto de partido fueron un impedimento para que llegase puntual y veloz a su cita con la historia. El brasileño recibió tras una apertura de Gago desde la frontal y transformó un gol que acabaría resultando crucial para la consecución del título liguero.

Fue un final que, sin duda, logró estar a la altura de su increíble trayectoria en el Bernabéu. Desde el principio hasta el final, Roberto Carlos fue un jugador sin apenas altibajos y que escribió varias páginas doradas en la historia del Real Madrid. Más allá de los éxitos sobre el terreno de juego, revolucionó la concepción del lateral izquierdo pasando el testigo a su compatriota Marcelo, quien también marcaría una época. De hecho, para muchos resulta difícil determinar cuál de los dos puede considerarse como el mejor de la historia en su demarcación. Comparaciones aparte, lo cierto es que Roberto Carlos solo ha habido y habrá uno.

Ronaldo Nazário

Ronaldo Nazário es uno de los talentos más especiales que ha dado el fútbol mundial. El delantero brasileño era todo un privilegiado en lo que a calidad técnica se refiere, con una capacidad para domar el balón y mantenerlo pegado al pie fuera de lo común. Sus arrancadas y fintas eran armas de destrucción masiva para las defensas rivales y era imposible contenerle cuando comenzaba a acumular regates en dirección a la portería. Durante toda su carrera, el carioca firmó goles de una belleza incontestable, dejando patente su nivel como uno de los mejores arietes de la historia del deporte rey.

Apodado *o Fenômeno* por su indiscutible talento innato, Ronaldo llegó al Real Madrid en la recta final del verano de 2002, poco antes del cierre del mercado estival de fichajes, y debutó un mes después en el Santiago Bernabéu ante el Deportivo Alavés. Solo le hicieron falta sesenta segundos sobre el césped para anotar su primer tanto con la casaca blanca, tras amortiguar con el pecho un centro de Roberto Carlos y fusilar al guardameta rival con una volea que se alojaba en la escuadra. Fue el inicio soñado para el brasileño, que cayó de pie en aquel Real Madrid de los galácticos que Florentino Pérez había comenzado a diseñar con las llegadas de Luis Figo y Zinedine Zidane durante las dos temporadas anteriores.

Su rendimiento durante el Mundial de Corea y Japón de 2002, donde se proclamó campeón con la selección brasileña y fue el máximo goleador de la competición, le sirvió para hacerse con el segundo Balón de Oro de su carrera y para que el Real Madrid se lanzara a por su fichaje. No en vano fue decisivo desde su llegada al conjunto blanco, anotando más de veinte goles en cada una de sus tres primeras campañas en la competición

doméstica y contribuyendo a la conquista de dos títulos en su primer año: la liga y la Copa Intercontinental.

Durante su estancia en la capital española, Ronaldo dejó una cifra de goles muy notable, anotando ciento cuatro tantos en ciento setenta y siete partidos. Entre ellos, algunos fueron inolvidables, como el de su debut, aquel tanto a los catorce segundos de partido en un derbi ante el Atlético de Madrid, o como el *hattrick* de esa noche en la que saldría ovacionado de Old Trafford. A pesar de que no logró conquistar la Champions League con el Real Madrid, el *killer* también demostró su inmensa categoría en la máxima competición europea, protagonizando noches para el recuerdo como la vivida en Manchester en 2003, donde su triplete sirvió para clasificar al club blanco a las semifinales a pesar de caer derrotado en un Teatro de los Sueños, sobrenombre con el que se conoce al estadio del Manchester United, que acabó rendido a los pies del carioca.

Con Brasil, sin embargo, Ronaldo levantó los trofeos más importantes a nivel de selecciones, añadiendo dos Mundiales y sendas ediciones de la Copa América a su palmarés, mientras que con el Real Madrid consiguió dos ligas, una Supercopa de España y una Copa Intercontinental. La capacidad que tenía para driblar contrarios, sus inolvidables bicicletas y sus eslálones, propios de un esquiador de élite, hicieron soñar al madridismo con tardes de auténtica gloria. Aquel equipo, tantas veces recordado, en el que compartían vestuario futbolistas de la talla del propio Ronaldo, Zidane, Figo o Beckham, tenía en el delantero brasileño a su estilete en la punta del ataque.

Lamentablemente, su última época como futbolista estuvo dramáticamente lastrada por una infinidad de lesiones, aunque desde su etapa en el Inter de Milán, cuando sufrió dos de sus percances más severos antes de fichar por el Real Madrid, Ronaldo vivió un calvario. En la capital italiana, el *crack* brasileño vivió la cara más amarga del fútbol, con dos lesiones en la rodilla derecha que privaron al mundo del balompié de disfrutar de uno de los jugadores más desequilibrantes del planeta.

Y es que, lamentablemente, con Ronaldo Nazário siempre resuena la misma pregunta al echar la vista atrás: ¿Qué habría sido de él sin las malditas lesiones? Más allá de respuestas especulativas, lo que sí dejó claro *o Fenômeno* durante su dilatada trayectoria es que han existido muy pocos futbolistas con su talento y que hablar de él es hacerlo de uno de los mejores delanteros que hayan pisado nunca un terreno de juego.

Sergio Ramos

El nombre y la carrera de Sergio Ramos están ligados a un momento muy especial para el madridismo: el gol del minuto noventa y tres en la final de la Champions de 2014 que mandó el partido a la prórroga en la que el equipo consiguió su décima Copa de Europa ante el Atlético de Madrid: la primera piedra de una década gloriosa en el Viejo Continente para el conjunto blanco. Aquel 24 de mayo en Lisboa, el sevillano terminó de sellar su pasaporte directo al libro de leyendas del Real Madrid, donde figura como uno de los capitanes más laureados de la historia blanca.

Tras su célebre tanto en la capital portuguesa, Ramos tuvo el privilegio de levantar tres Champions League más (2016, 2017 y 2018), repitiendo faceta goleadora en la final de Milán de 2016 ante el mismo rival que en Lisboa: el Atlético de Madrid. Al margen de sus evidentes dotes defensivas, su habilidad goleadora era impropia de un defensa central, siendo decisivo en ambas áreas a lo largo de su extensa trayectoria. Y, para muestra, un botón: durante su etapa en el conjunto madrileño superó el centenar de goles, una cifra muy difícil de alcanzar para un zaguero.

Su llegada al Real Madrid en 2005, con apenas diecinueve años, ya hacía presagiar una carrera repleta de grandes momentos. Con una personalidad arrolladora, mostrando un carácter que pocos futbolistas poseen, Ramos comenzó a labrarse un hueco en el equipo, dejando patente su proyección y su raza desde el primer instante en el que defendió el escudo del club. Ahora, una vez finalizada su etapa en el conjunto de Concha Espina, el futbolista de Camas figura en el cuarto puesto de jugadores con más partidos en la historia de la entidad gracias a sus seiscientos setenta y un encuentros, solo por detrás de tres leyendas: Raúl González Blanco, Iker Casillas y Manolo Sanchís.

Pero si por algo destacaba Sergio Ramos era por su puntualidad en las grandes citas. El imborrable recuerdo de Lisboa no fue un hecho aislado, sino que el sevillano siempre aparecía en el momento preciso para desatar la pasión de la afición madridista. A sus goles en las finales de Champions League hay que sumar otros tantos en otros partidos decisivos, como las finales del Mundial de Clubes de 2014 y 2018 o la Supercopa de Europa 2016, dejando siempre su impronta cuando más lo necesitaba el equipo. No cabe duda: el camero tenía predilección por las grandes noches.

Sus veintidós títulos con el Real Madrid dejan un palmarés a la altura de sus registros históricos, algo que también refrendó defendiendo la camiseta de la selección española, con la que vivió aquella mágica etapa en la que el combinado nacional dominó con puño de hierro el fútbol internacional conquistando dos Eurocopas y un Mundial en apenas cuatro años. Además, con la selección ostenta el récord de internacionalidades tras alcanzar las ciento ochenta apariciones a lo largo de su carrera, rebasando a otro *crack* blanco: Iker Casillas. En el contexto europeo, solo otra leyenda del Real Madrid como Cristiano Ronaldo, que contabiliza más encuentros como internacional con Portugal, le ha privado de hacerse con otra efeméride más en su extenso currículum.

La perfecta mezcla de un talento generacional, un físico privilegiado y una competitividad inquebrantable ha convertido a Sergio Ramos en uno de los mejores capitanes de la historia madridista. Todo ello, unido al amor que ha demostrado siempre por sus colores, hacen del «4» un auténtico mito del club que representa a la perfección uno de los principales valores que han hecho grande al Real Madrid: que nunca se rinde.

Su salida de la Casa Blanca tuvo lugar en el verano de 2021, cuando finalizó su contrato y se marchó al Paris Saint-Germain, club con el que conquistó dos títulos de Ligue 1 consecutivos hasta su vuelta a España en 2023, cuando cerró el círculo al regresar a la entidad de su ciudad natal y en la que comenzó su dilatada carrera deportiva: el Sevilla.

Thibaut Courtois

Los éxitos más recientes en la historia del Real Madrid no se entienden sin su papel providencial bajo los palos. En una época en la que se exige más que nunca a los guardametas, Thibaut Courtois ha tenido la virtud de encarnar todas las cualidades necesarias para defender el marco blanco. El coloso nacido en Bree ha demostrado ser el portero total, y no solo por sus intervenciones que han marcado la diferencia en los momentos más determinantes, sino también por su fiabilidad en todas las facetas del juego.

Por una parte, su elevada estatura le ha convertido en un seguro de vida para los suyos en el juego aéreo, ya que las acciones a balón parado resultan mucho más fáciles de defender al contar en el marco con alguien como el belga. Por otro lado, se desenvuelve de forma aceptable con el balón en los pies, otra cualidad que ha pasado a ser casi indispensable para los arqueros en el fútbol actual. Y, por supuesto, tampoco faltan sus extraordinarios reflejos y esa capacidad para hacerse gigante e intimidar a los atacantes rivales en el uno contra uno. Su imponente presencia en la portería no solo supone una barrera física para los delanteros, sino también psicológica. Del mismo modo, esa misma presencia brinda también seguridad a la defensa y confianza a todo el equipo.

Formado en las categorías inferiores del KRC Genk, donde también dio sus primeros pasos como profesional, pronto demostró una resiliencia y una mentalidad de acero impropias para alguien de su juventud, además de un talento natural que pronto le permitió destacar como uno de los porteros más prometedores del panorama europeo. Su habilidad para leer el juego, anticipar los movimientos del oponente y hacer paradas cruciales en mo-

mentos decisivos han sido una constante a lo largo de su carrera, si bien ha sido en el Real Madrid donde ha conseguido llevar todas estas cualidades al máximo nivel.

Y eso que los inicios de Courtois en el Santiago Bernabéu no fueron precisamente sencillos. Llegado en el verano de 2018 como una firme apuesta de la directiva, la controversia alrededor de su fichaje fue doble. Por un lado, estaba su pasado como cancerbero del Atlético, pues cabe recordar que fue en el club rojiblanco donde comenzó a consolidarse como uno de los mejores del mundo en su posición, entre los años 2011 y 2014. Durante su periplo como colchonero, el belga ya apuntaba maneras e incluso amargó la vida al Real Madrid con actuaciones como la protagonizada en la final de Copa del Rey en 2013. Del mismo modo, un año después y todavía como guardameta del Atlético, fue testigo impotente del cabezazo de Sergio Ramos que acabaría significando la Décima para los blancos. A Courtois se le escurría aquella Champions entre los dedos, curiosamente frente al mismo equipo en el que años después se acabaría redimiendo con creces. Tras una etapa de cuatro temporadas en el Chelsea, donde mantuvo su trayectoria ascendente, el meta regresaba a la capital madrileña, pero para defender el marco del Real Madrid, y no es difícil imaginar cómo sentó la noticia a los seguidores del club vecino.

A esa circunstancia tan especial se le sumaba otra que probablemente sí supuso el primer obstáculo serio para Courtois, quien en su primer curso como merengue tuvo que pelear por la titularidad con Keylor Navas, una competencia que suponía más que palabras mayores, sobre todo teniendo en cuenta que el costarricense venía de ser el portero del equipo que había conquistado tres Champions consecutivas entre 2016 y 2018. En aquel contexto, la presión era considerable, y tampoco ayudó en ese sentido la trayectoria del equipo durante esa temporada 2018-2019, que finalizó sin títulos. Precisamente, el debate en la portería fue uno de los temas que más quebraderos de cabeza dio al Real Madrid a lo largo de esta campaña, con un Courtois que no gozó de la continuidad necesaria y que finalizó el curso con treinta y cinco partidos disputados y cuarenta y ocho goles en contra.

Fruto de esta situación, la entidad de Chamartín decidió cortar el problema de raíz con la venta de Keylor Navas al PSG y la llegada de Areola como recambio, un movimiento que en un principio no apaciguó la situación. Y es que Thibaut vivió el que probablemente fue su momento más crítico como portero del Real Madrid en un duelo de fase de grupos de la Champions League ante el Brujas. Aquella noche fue pitado por la grada del Santiago Bernabéu al errar en los dos goles que le hizo el conjunto belga, mientras que terminó siendo sustituido en el descanso aquejado de mareos y problemas estomacales.

Sin embargo, en el siguiente duelo europeo, disputado ante el Galatasaray el 22 de octubre de 2019, llegaría el esperado punto de inflexión. Aquella noche el conjunto dirigido por Zinedine Zidane se jugaba media vida en Estambul para lograr la clasificación, y las paradas del arquero fueron fundamentales para que los suyos lograran la victoria. Desde entonces, nunca más volvió a existir debate en el marco merengue. El equipo mejoró notablemente en defensa y Courtois fue adquiriendo la confianza necesaria para empezar a mostrar su mejor nivel. Tanto fue así que acabó siendo uno de los principales artífices de la conquista del título de liga en aquel curso 2019-2020, en el que fue el portero menos goleado con apenas veinte tantos recibidos en treinta y cuatro partidos disputados. La apuesta por el ex de Atlético y Chelsea comenzaba a dar sus frutos, si bien lo mejor todavía estaba por llegar.

Y es que, para recordar el siguiente momento memorable del belga como portero del Real Madrid, hay que saltar al año 2022, cuando probablemente alcanzó su mayor nivel de relevancia en el equipo y se convirtió en el indiscutible héroe de la Decimocuarta. En primer lugar, fue determinante durante el torneo con varias actuaciones salvadoras en todas y cada una de las eliminatorias agónicas que superó el cuadro de Carlo Ancelotti.

En octavos contra el PSG detuvo un penalti a Leo Messi en un momento crucial y frenó la terrible amenaza que siempre supone Kylian Mbappé. La historia se repitió tanto en cuartos ante el Chelsea como en semifinales frente al Manchester City. En Stamford Bridge realizó una estirada imposible para evitar un gol cantado de César Azpilicueta. Del mismo modo, otras figuras como Kevin de Bruyne, Bernardo Silva o Phil Foden también se estamparon contra el muro belga en el duelo disputado en el Etihad Stadium.

Sin embargo, su santificación definitiva se produjo en la final disputada ante el Liverpool en París, en la que detuvo hasta nueve disparos frustrando cualquier opción para el conjunto *red*, una cifra que supuso un récord en finales de Champions, al menos desde que existe registro oficial. Delanteros tan acostumbrados a infundir terror como Sadio Mané o Mohamed Salah acabaron totalmente desquiciados al toparse una y otra vez con esa barrera infranqueable que fue Courtois. No sorprendió, por lo tanto, que fuese galardonado como el MVP del choque. Así mismo, su balance en aquella edición de la competición ascendió nada menos que a sesenta y una intervenciones en trece encuentros disputados, lo que le convirtió en el portero que más paradas realizó durante el torneo. Para poner el colofón y como reconocimiento a su gran temporada, la revista *France Football* le distinguió como el mejor portero del mundo otorgándole el Trofeo Yashin ese mismo año.

A esas alturas, ya no es que estuviera fuera de toda duda la capacidad de Courtois para defender la portería del Real Madrid, sino que además se había ganado a pulso ser considerado uno de los mejores guardametas de la historia del club blanco. Sin embargo, el destino aún le tenía reservada otra prueba de fuego, ante la que el belga volvió a demostrar su gran fortaleza mental y capacidad para sobreponerse a las adversidades. Y es que, antes de que siquiera diera comienzo la temporada 2023-2024, el meta sufrió una rotura del ligamento cruzado de la rodilla izquierda que le obligaría a perderse la mayor parte del curso. Por si fuera poco, siete meses después, cuando Thibaut ya encaraba el final de su recuperación, sufrió también una rotura del menisco interno de la rodilla derecha. Como consecuencia de todo ello, su reaparición no se produjo hasta mayo, a falta de apenas cuatro jornadas para la conclusión del campeonato liguero.

A pesar de todo, Courtois mostró un rendimiento más que convincente en este tramo final y Carlo Ancelotti no dudó en otorgarle la titularidad en la final de Champions disputada contra el Borussia Dortmund, una decisión nada sencilla teniendo en cuenta que el meta ucraniano Andriy Lunin venía de ser uno de los héroes del cuadro merengue en la máxima competición continental. A pesar de todo, el técnico italiano decidió respetar los galones del belga, quien terminó por darle la razón con otra colosal actuación que culminó en la Decimoquinta. Una vez más, las paradas de Thibaut sujetaron al Real Madrid en los momentos más críticos, especialmente en una sufrida primera parte en la que evitó que Adeyemi y Sabitzer abrieran el marcador. En definitiva, su sexta campaña como madridista no pudo terminar de mejor forma, a pesar de haber sido también probablemente su año más complicado a causa de las lesiones.

A sus treinta y dos años, todavía tiene tiempo para seguir marcando una época y agrandar su leyenda. Su éxito también es el de aquellos que apostaron por su llegada en un momento en el que la decisión no resultaba tan sencilla. No es solo una cuestión de talento, sino también de perseverancia. A pesar de las críticas iniciales, ha trabajado incansablemente para mejorar su juego y adaptarse a las exigencias del fútbol moderno. En la actualidad, resulta difícil situar a un portero a su misma altura. En cuanto al debate sobre quién ha sido el mejor arquero en la historia madridista, quizá no sea algo que resulte sencillo de resolver y sea una cuestión de gustos. No obstante, no es tan descabellado afirmar que Courtois ha demostrado ser el más completo de todos.

Toni Kroos

Fiel a la retórica que le ha caracterizado durante toda su etapa en el Real Madrid, Toni Kroos desembarcó en el Santiago Bernabéu sin hacer excesivo ruido. Pocos habrían imaginado en aquel verano de 2014 que, de esta forma tan silenciosa, el club blanco había acometido un movimiento estratégico que sería determinante de cara a los numerosos éxitos que vendrían después. De esa misma manera tan silenciosa suele brillar también el centrocampista alemán sobre el césped. No es el que más goles marca ni tampoco el que suele protagonizar las acciones más espectaculares, pero su sencillez y fiabilidad le han convertido en una pieza esencial durante la última década sin tener apenas altibajos en su rendimiento.

Volviendo a las circunstancias que rodearon su llegada al Madrid, resulta escandaloso comprobar que su traspaso apenas se cerró en veinticinco millones de euros, una cantidad que se puede considerar irrisoria en comparación con el influyente papel que ha tenido en la historia más reciente de los blancos. Mucho se ha hablado precisamente de las circunstancias que propiciaron su salida del Bayern por aquel entonces. A diferencia de lo que la prensa ha afirmado en numerosas ocasiones, el futbolista siempre ha negado que su decisión de abandonar Múnich estuviese propiciada por una mala relación con el entonces técnico del equipo alemán Pep Guardiola, si bien es cierto que tuvieron sus más y sus menos en momentos puntuales. Lo que resulta evidente es que la entidad bávara infravaloró su importancia, y ahí apareció el Real Madrid para aprovechar la ocasión. Cabe recordar que Kroos tampoco aterrizaba en la capital española siendo un cualquiera, pues ese mismo verano se había proclamado campeón del Mundial de Brasil con Alemania, mientras que ya sabía lo que era ganarlo todo con el Bayern. Es decir, que se puede afirmar sin miedo a equivocarse que el suyo fue un «chollo histórico».

De hecho, su estreno como madridista no pudo ser mejor, después de que la noche del 12 de agosto de 2014 se proclamase campeón de la Supercopa de Europa frente al Sevilla, en un encuentro en el que el técnico Carlo Ancelotti no dudó en incluirlo en el once titular. Pronto quedó patente que el Real Madrid no se había equivocado al apostar por el alemán, quien tuvo una adaptación inmediata, siendo ya una pieza imprescindible durante su primer curso en el equipo merengue. Habría que esperar al 8 de noviembre de 2014 para ver su primer gol como madridista en el duelo liguero disputado ante el Rayo Vallecano, tras recibir desde fuera del área y resolver con uno de sus habituales «pases» a la red de la portería rival. A pesar de finalizar aquella campaña 2014-2015 sin levantar ningún título, todos tenían claro que el centrocampista había sido uno de los hombres más destacados durante el curso, en el que firmó dos goles y catorce asistencias entre todas las competiciones.

No obstante, lo mejor para el «8» todavía estaba por llegar. En el año 2016, coincidiendo con la llegada de Zinedine Zidane al banquillo y la irrupción de Carlos Henrique Casemiro en el centro del campo, Kroos comenzó a constituir una medular que dominó el fútbol mundial junto a Luka Modrić y el citado pivote brasileño. El alemán era el encargado de poner la pausa, el orden y la precisión milimétrica en un equipo que alcanzó la gloria la noche del 28 de mayo en Milán con la conquista de la Undécima. Sería solo la primera Champions de varias, pues, al año siguiente, el mediocentro también formó parte de la gesta de la Duodécima tras imponerse por uno a cuatro a la Juventus. Merece la pena detenerse en un momento concreto protagonizado por el de Greifswald en esa final, cuando al ser sustituido en el minuto ochenta y nueve, ya con el encuentro prácticamente resuelto, hizo un saludo de victoria levantando los brazos dirigido a los aficionados merengues que se encontraban aquella noche en la grada del Millennium Stadium de

Cardiff. Normalmente de carácter serio y reservado, nunca ha sido habitual ver a Kroos hacer esta clase de gestos tan efusivos. Ni que decir tiene que la grada respondió con una cerrada ovación a quien ya consideraban uno de sus grandes ídolos.

La leyenda continuó creciendo en la temporada 2017-2018, en la que el teutón volvió a ser importante para que los suyos terminasen alzando la tercera Champions consecutiva. Todos sabían a esas alturas que el centrocampista era el perfecto termómetro del equipo. Si él jugaba bien, el Real Madrid también lo hacía, y viceversa. Quizá por esa razón, experimentó un pequeño bache en su juego durante el curso 2018-2019, coincidiendo con un momento delicado para un equipo que no supo reponerse de las ausencias de Zinedine Zidane en el banquillo (acabó volviendo esa misma temporada) y de Cristiano Ronaldo en la delantera. En cualquier caso, no fue nada especialmente grave ni prolongado en el tiempo para un futbolista que si por algo se ha caracterizado siempre ha sido por su regularidad.

En los últimos años, a pesar de ser considerado como uno de los veteranos de la plantilla, sumado a la llegada de centrocampistas de un perfil más físico, como Valverde, Camavinga o Tchouaméni, lo cierto es que el 8 ha conseguido seguir manteniendo un indiscutible protagonismo en los planes de Ancelotti. Precisamente, con el entrenador italiano ganó su cuarta Champions como madridista y la quinta de su carrera siendo titular en la final ante el Liverpool, que culminó en la conquista de la Decimocuarta el 28 de mayo de 2022.

En un deporte donde cada vez prima más el músculo, el alemán ha demostrado que jugadores como él continúan siendo indispensables. Como definió perfectamente su padre Roland, técnico de fútbol, «nunca fue el más rápido, pero sí el que pensaba más rápido». Y es que la grandeza de «don Antonio» (tal y como con cariño lo apodan los aficionados madridistas) reside en su capacidad de simplificar lo complejo sobre el terreno de juego y hacer que jugar bien al fútbol parezca tan fácil. Su alto índice de precisión en el pase, su certero golpeo a balón parado y, sobre todo, su gran capacidad para interpretar lo que necesita el partido en cada momento lo han convertido en el indiscutible eje del Real Madrid durante la última década. Pero, a pesar de ser un mediocentro que destaca por cumplir en el día a día, lo cierto es que Kroos también ha tenido momentos de absoluta genialidad. Prueba de ello fue, por ejemplo, el extraordinario gol olímpico que firmó ante el Valencia en las semifinales de la Supercopa de España de 2020.

En definitiva, Toni Kroos es una figura que ya es historia viva del Real Madrid, tal y como acredita su extenso palmarés en el club blanco, con el que ha conquistado cinco Champions League, cinco Mundiales de Clubes, cuatro Supercopas de Europa, cuatro ligas, cuatro Supercopas de España y una Copa del Rey.

En 2024, tras una carrera impecable, anunció su retirada. Más allá de los numerosos éxitos, prevalecerá el recuerdo de un futbolista sobrio y elegante como pocos y que hizo las delicias de los aficionados madridistas.

Vinicius Júnior

A pesar de su aún corta trayectoria como jugador del Real Madrid, Vinicius Júnior ya figura entre los grandes *cracks* que ha tenido el conjunto blanco a lo largo de su historia. El reciente idilio del club con el prematuro talento brasileño ha dado sus frutos en numerosas ocasiones, si bien el caso del carioca está elevado a la máxima expresión dada su preeminencia en el fútbol mundial, donde ya es uno de los mejores del planeta. Tras militar siete años en la cantera de Flamengo, Vinicius subió al primer equipo estrenándose con apenas dieciséis años, dejando patente que su precocidad era proporcional a su inmenso potencial. Sin embargo, para entonces, el Real Madrid ya se había adelantado al resto de clubes que deseaban incorporarle y tenía prácticamente cerrado el fichaje de la joya brasileña, que soñaba con vestir de blanco y hacer historia con la casaca madridista.

Como paso previo a su meteórica carrera en el Real Madrid, Vinicius llegó al filial, el Real Madrid Castilla, con la vista puesta en adaptarse e ir mostrando destellos del enorme talento que se le presuponía y que tan impresionado había dejado al mundo del fútbol en su país. El inmenso bagaje que traía desde muy joven, destacando en todas las selecciones inferiores de Brasil hasta alcanzar la madurez futbolística y llegar a Europa, hacía que todas las miradas estuvieran puestas en él desde el primer momento en el que se enfundó la elástica blanca. Un corto periplo en el Real Madrid Castilla le bastó para mostrar su proyección a los aficionados madridistas, que, inevitablemente, se ilusionaron con él gracias a su personalidad y a una habilidad fuera de lo común para sortear rivales. Desde sus primeros encuentros dejó claro que el uno contra uno era su hábitat natural y desafiar defensas su *leitmotiv* futbolístico,

haciendo gala de gambetas y todo tipo de recursos técnicos para salir airoso de los duelos con los zagueros.

Debutar en un club de la exigencia del Real Madrid con solo dieciocho años son palabras mayores, y a pesar de que sus inicios no fueron fáciles, sobre todo de cara a portería, Vinicius fue perfilando poco a poco el enorme jugador en el que se ha convertido. En sus tres primeras campañas como miembro de la primera plantilla, fue paulatinamente adquiriendo protagonismo y ganándose un sitio en el once, aunque siempre con el deber realizador que se le achacaba para dar ese paso hacia evolucionar en el futbolista total. Ese cambio de chip llegó de la mano de Carlo Ancelotti, que regresó a la disciplina blanca en 2021 y no dudó en darle las riendas del ataque en el extremo izquierdo, algo que el carioca agradeció explotando y dejando actuaciones memorables.

Un inicio fulgurante de temporada le sirvió para espantar fantasmas del pasado y comenzar a exponerse como uno de los principales artilleros de la liga, donde finalizó la campaña en el podio de máximos goleadores y asistentes y formó una dupla temible con Karim Benzema que llevó al Real Madrid a firmar un doblete con la consecución del torneo doméstico y la primera Champions League en el palmarés de Vinicius, que además se consagró anotando el gol de la victoria en la gran final de París ante el Liverpool. Solo era el comienzo de una época dorada para el madridismo, especialmente en la máxima competición continental, con un futbolista brasileño que ya se codeaba con los grandes *cracks* mundiales y que amenazaba con comenzar una hegemonía europea notable.

Una vez superada la presión que se ha de soportar al enfundarse la elástica del Real Madrid, Vinicius se erigió en uno de los jugadores más determinantes del planeta. Su capacidad de desborde y su carácter ganador es propio de los grandes futbolistas, con esa fijación por encarar una y otra vez para generar ventajas y superioridades rompiendo las defensas rivales a través de los duelos individuales con los zagueros, que normalmente caen del lado del brasileño. Su rendimiento es un gran termómetro del equipo, que espera como agua de mayo la inspiración del carioca para regatear y eliminar contrincantes gracias a su habilidad en el uno contra uno y a una velocidad endiablada, aspectos que le hacen casi imparable a la hora de medirse con él.

Su temporada 2023-2024 fue la coronación como uno de los reyes de Europa, con un rendimiento sobresaliente que llevó al Real Madrid a cerrar un año en el que dominó la mayor parte de las competiciones que disputó. Pese que a su inicio de campaña se vio truncado por una lesión que le mantuvo apartado de los terrenos de juego durante varias semanas, el brasileño volvió con más fuerza dispuesto a reclamar el cetro y su estatus como el referente del ataque del Real Madrid, y no pudo hacerlo de mejor forma. Tras más de un mes trabajando en su recuperación, regresó al once dispuesto a hacer historia, y sus veinticuatro goles fueron clave en la consecución de los títulos de liga, Supercopa de España y Champions League.

Fue precisamente en la máxima competición continental donde Vinicius brilló con luz propia, firmando partidos para el recuerdo en el torneo, especialmente en las rondas finales. En la ida de semifinales fue capaz de anotar un doblete en Múnich que allanó el camino de los blancos a la final de Wembley, mientras que en el partido de vuelta en el Santiago Bernabéu fue uno de los grandes protagonistas al completar una actuación soberbia, desbordando una y otra vez a su marcador y generando buena parte del peligro madridista durante el choque. Para culminar un ciclo a la altura de los grandes, Vinicius completó una final en la que su tenacidad y su calidad futbolística resultaron clave para conseguir la decimoquinta Copa de Europa madridista, anotando además el segundo gol del partido, que sirvió para sentenciar el choque y llenar de júbilo a la afición blanca, repitiendo como goleador en una final de la Champions League, como ya hizo en París en 2022.

A pesar de su juventud, el palmarés de Vinicius ya alberga numerosos títulos, tanto a nivel colectivo como individual. Al margen de las dos Champions League ya mencionadas, el carioca posee dos Mundiales de Clubes, una Supercopa de Europa, tres ligas, una Copa del Rey, tres Supercopas de España y un Campeonato Sudamericano sub-17. Además, tras su gran rendimiento en la temporada 2023-2024, su nombre resuena como uno de los máximos favoritos a hacerse con el galardón con el que todo jugador sueña: el Balón de Oro. De lo que no cabe duda es de que su trayectoria ya le permite codearse con grandes leyendas del club y de que, de seguir esta progresión meteórica, Vinicius finalizará su carrera como uno de los grandes jugadores de la historia del Real Madrid.

Zinedine Zidane

Nadie dijo que los comienzos fueran fáciles, y si no que se lo pregunten al mismísimo Zizou. Para el *crack* francés tampoco todo fue de color rosa en sus primeros meses como futbolista del Real Madrid. Llegó en el verano del 2001 como el traspaso más caro de la historia hasta ese momento. Los setenta y dos millones de euros pagados por el segundo fichaje galáctico de Florentino Pérez pueden parecer una cifra irrisoria en la actualidad, pero no por aquel entonces, cuando esas cantidades solo se alcanzaban por futbolistas que realmente lo valían. Siendo Zidane una estrella indiscutible tanto en la Juventus como en la selección de Francia, a la que ya había guiado hacia el título mundial en 1998 y hacia el de la Eurocopa en el 2000, el desembolso parecía más que justificado.

Muy sonada es también la intrahistoria de cómo se empezó a gestar este fichaje durante una cena en Montecarlo, donde el galo coincidió con el presidente del Real Madrid. Florentino no se anduvo con demasiados rodeos y le pasó una servilleta en la que le hacía la siguiente propuesta en francés: «¿Quieres venir a jugar al Madrid?». En cuanto a la contestación de Zidane, las versiones que hay de esta anécdota únicamente difieren en el idioma, ya que unos dicen que contestó «*oui*» y otros que dijo «*yes*». Fuera como fuese, lo evidente es que no dudó en aceptar la propuesta de manera muy concisa.

Pero, volviendo a esos difíciles comienzos del francés en el club blanco, hay otra historia especialmente reveladora en este sentido. Para poner en contexto, hay que decir que el problema no era tanto de rendimiento individual, pues su calidad estaba fuera de toda duda, como sí de encaje en el equipo. Y no hablamos solo de una cuestión táctica, sino también de entendimiento con

alguno de sus compañeros sobre el césped. De acuerdo a crónicas periodísticas de la época, el «5» llegó a plantarse en el despacho de Florentino Pérez quejándose de que no se sentía cómodo en el equipo, y ponía como ejemplo que Luis Figo nunca le pasaba el balón. Según dichas crónicas, el máximo mandatario resolvió el entuerto trasladando a su jugador un mensaje de tranquilidad y telefoneando al extremo portugués, con quien por entonces tenía una estupenda relación, para pedirle no solo que le pasase el balón a su compañero, sino también que le invitase a cenar. El «10» aceptó de buen grado y al siguiente partido buscó a Zidane desde el primer momento. Según cuentan, así se lo hizo saber al presidente: «Verá que le hago caso. He cumplido lo de pasarle el balón, pero no quiere salir a cenar».

Al margen de cuánto de cierto pudiera tener esta historia, sí es cierto que el francés siempre mostró un carácter muy introvertido, nada que ver con el descaro que exhibía en el terreno de juego. Sin embargo, cosas que tienen el fútbol y los grandes jugadores, el más o menos costoso proceso de adaptación enseguida se tornó en un éxito absoluto. Tras los primeros fogonazos, como el golazo que firmó ante el Deportivo de la Coruña sentando a varios defensores rivales, pronto llegaron las noches de gloria. Y esas llegaron, como no podía ser de otra manera, en la Champions League, esa competición que también ha deparado tantas alegrías a Zizou. El primer golpe sobre la mesa llegaría nada menos que en el Camp Nou, en la ida de semifinales disputada el 23 de abril de 2002. Ya en el segundo tiempo, el centrocampista se encargó de culminar un contragolpe con una magistral definición picando la pelota ante la salida de Bonano. El feudo azulgrana se quedaba congelado ante la clase del «5» y la final de Glasgow ante el Bayer Leverkusen esperaba.

Lo ocurrido en ese partido es de sobra conocido, con Zidane firmando una de las mayores obras de arte que se recuerdan en la historia del fútbol. La pelota le cayó desde el cielo tras un intento de pase de Roberto Carlos, y este resolvió con una volea repleta de elegancia y plasticidad con la que embocó el balón directamente hacia la escuadra de la portería defendida por Butt. Ni que decir tiene que aquel tanto antes del descanso acabó significando la victoria y la conquista de la Novena. No cabía otro argumento, del mismo modo que tampoco cabía otra elección de la FIFA como el mejor gol en la historia de la Champions League. A esas alturas, cualquier debate que pudiera existir alrededor de Zidane era simplemente ridículo.

En ese mismo año 2002 continuó coleccionando éxitos como madridista con la conquista de la Supercopa de Europa y la Copa Intercontinental, títulos a los que se sumaron el de liga y su segunda Supercopa de España en 2003. A pesar de continuar en el Santiago Bernabéu durante tres campañas más, ahí se terminó su palmarés, lo que no le impidió seguir protagonizando actuaciones mágicas y jugadas inverosímiles que todavía perduran en la retina de los aficionados. Cómo olvidar, por ejemplo, su mítica ruleta ante el Valladolid, probablemente el «no gol» más famoso de su carrera. En cambio, sí vio portería hasta en tres ocasiones en el choque disputado ante el Sevilla el 15 de enero de 2006, en una de las actuaciones más soberbias que protagonizó con el Real Madrid y que merece la pena volver a visionar tirando de archivo. En aquel momento, Zizou ya estaba dando sus últimos trazos de fútbol, pues el 25 de abril de 2006 anunciaba su inminente retirada, una vez que finalizase el Mundial que se iba a disputar en Alemania ese mismo año. Apenas unos días después, el 7 de mayo, el francés era despedido con todos los honores en el Bernabéu en un encuentro disputado ante el Villarreal, en el que no faltó su último gol a modo de colofón. «Árbitro, no pites el final que Zidane se nos va», decía la pancarta de un aficionado que no pudo expresar mejor el sentir del madridismo aquella tarde.

Como todos sabemos, se trataba solo de un «hasta pronto», ya que su idilio con el Real Madrid estaba todavía muy lejos de terminar ahí. Se apagaba la leyenda del «Zidane futbolista» para dar paso a la del «Zidane entrenador», otra que también ha traído muchas alegrías a los aficionados blancos. Como si de un presagio de lo que estaba por venir se tratara, ya llamó mucho la atención la foto que protagonizó en la final de Lisboa como segundo de Carlo Ancelotti, cuando por un instante dejó su papel habitualmente más discreto y, de forma impulsiva, se levantó del banquillo para gritar instrucciones a los jugadores. Había madera de entrenador y vaya que si lo demostró después.

El 4 de enero de 2016 el francés era nombrado como nuevo técnico del Real Madrid tras la destitución de Rafa Benítez y en una situación especialmente convulsa dentro del vestuario. En aquel momento existían muchas dudas que apuntaban sobre todo a su inexperiencia en los banquillos, pues apenas sumaba temporada y media al frente del Castilla. Una incertidumbre que no tardó demasiado tiempo en disiparse y que tuvo como punto de inflexión el clásico liguero disputado el 2 de abril de 2016 en el Camp Nou. En aquel duelo al que el Barça llegaba como favorito, los pupilos de Zizou sorprendieron al imponerse por uno a dos. No fue un resultado determinante como tal, ya que aquel campeonato terminaría tiñéndose igualmente de color azulgrana, pero sí que cambió por completo la dinámica del equipo. Prueba de ello fue lo ocurrido en Milán la noche del 28 de mayo de 2016, en la que el Real Madrid alzó la Undécima tras imponerse al Atlético en la tanda de penaltis.

En cuestión de apenas medio año, Zidane había dado la vuelta por completo a la situación del Real Madrid. Y, a pesar de todo, hubo quien se empeñó en seguir poniéndole en duda. Sus detractores le tildaban de «alineador» o se aferraban a argumentos como que había ganado la última Champions tras eliminar a equipos menores como el Wolfsburgo.

Lo sucedido la temporada siguiente, su segunda al frente del banquillo merengue, no admitiría ya ningún pretexto para infravalorar su papel como entrenador. Los blancos firmaron una temporada 2016-2017 sobresaliente en la que terminaron levantando los títulos de liga y Champions. El técnico galo logró encontrar el equilibrio perfecto en las rotaciones para mantener la solidez en ambas competiciones. Y eso que en esta ocasión los emparejamientos en la máxima competición continental no fueron cosa menor. Nápoles, Bayern, Atlético y Juventus cayeron uno por uno. Especial mención merece la final ante el conjunto *bianconero*, en la que el Madrid dio un recital que quedó reflejado en el uno a cuatro del marcador. Muy comentada fue la charla que Zidane dio a los jugadores en el descanso, emitida meses después en el documental *En el corazón de la Duodécima*. Hubo quien quiso utilizar como arma arrojadiza el hecho de que este diera instrucciones tan «simples» a sus futbolistas como que «jugasen por fuera» y buscasen «centros rasos al primer palo». Pero, si uno revisa cómo llegaron los goles en aquel partido, comprueba que el francés acertó de pleno, pues esa era la manera más efectiva de lastimar a una defensa con futbolistas inexpugnables en el juego aéreo como eran Barzagli, Bonucci y Chiellini. Lejos de ser motivo de desprecio, en ese pragmatismo mostrado por Zizou reside también su genialidad.

Y eso que aún quedaba por ver algo más difícil todavía en el siguiente curso, en el que el Madrid logró algo impensable en el fútbol actual, como fue conquistar su tercera Champions consecutiva. A pesar de que el equipo evidenció síntomas de desgaste en liga, donde el Barça pronto se descolgó como líder en solitario, los blancos demostraron por enésima vez que en Europa no entienden de malos momentos y acabaron alzando la Decimotercera tras apear en el camino al PSG, Juventus, Bayern y Liverpool. Apenas cinco días después de culminar la gesta en la final de Kiev, Zidane sorprendía a todos al anunciar que dejaba el cargo. El desencajado rictus de Florentino Pérez en aquella rueda de prensa evidenciaba que no se trataba de una decisión para nada esperada.

Sin embargo, en otro imprevisible giro de guion, el galo acababa regresando al banquillo merengue nueve meses después para tratar de rescatar a un equipo a la deriva y que esa temporada ya había dicho adiós a sus opciones de título en todas las competiciones. «Vuelvo porque el presidente me llamó y no podía decir que no», fueron sus razones para explicar su regreso. Tras tratar de finalizar esa campaña 2018-2019 de la forma más decorosa posible, era el momento de preparar la reconstrucción de cara a la siguiente. No era un cometido nada sencillo el del francés, en un equipo en el que todavía pesaba especialmente el vacío dejado por Cristiano Ronaldo y que no pudo ser cubierto por Eden Hazard debido a sus problemas con las lesiones. Con todo, el Real Madrid terminó proclamándose campeón de liga en esa temporada 2019-2020, aupado por un pleno de diez victorias consecutivas tras el largo parón provocado por la pandemia. El paso al frente de Benzema en la delantera y la solidez mostrada en defensa fueron algunos de los principales factores tras este éxito. Zizou lo había vuelto a hacer. El único «pero» es que con esto no alcanzó en la Champions League, donde el Manchester City apeó a los blancos en octavos poniendo fin al invicto técnico galo en la máxima competición europea.

Más negativo fue el balance en el ejercicio 2020-2021, en el que el Real Madrid terminó la temporada sin títulos, aunque mantuvo sus opciones en liga hasta el final, al acecho de un tropiezo del Atlético en las últimas jornadas que no llegó a producirse. Sonados traspiés como el protagonizado ante el Alcoyano en Copa del Rey o la eliminación ante el Athletic en la Supercopa de España pesaron demasiado para un Zidane que volvía a tomar la decisión de renunciar al puesto, pese a que todavía le restaba un año de contrato.

Fue un final algo deslucido que, en cualquier caso, no debe empañar su gran legado como entrenador, acumulando once títulos (dos ligas, tres Champions, dos Supercopas de Europa, dos Mundiales de Clubes, dos Supercopas de España) en los doscientos sesenta y tres partidos que estuvo al frente del banquillo entre sus dos etapas. Todo ello sin olvidar, por supuesto, los seis títulos que también levantó durante su etapa como futbolista merengue (una liga, una Champions, una Supercopa de Europa, una Copa Intercontinental y dos Supercopas de España). En suma, méritos más que de sobra para ocupar un lugar eterno en el panteón madridista.

ENTRENADORES

Carlo Ancelotti

Carlo Ancelotti ha marcado una época al frente del banquillo del Real Madrid. El técnico italiano llegó al conjunto blanco en el verano de 2013 tras haber conquistado tres de las ligas nacionales más prestigiosas del continente: la Serie A con el Milan, la Premier League con el Chelsea y la Ligue 1 con el Paris Saint-Germain. Además, a nivel europeo, el entrenador nacido en Reggiolo contaba con el gran aval de los dos títulos de Champions League logrados con el conjunto milanés, dejando patente su dilatada experiencia y trayectoria al frente de banquillos de renombre. Así comenzó una historia de amor que, vista con la perspectiva de su devenir en la Casa Blanca, ha resultado ser toda una oda a la excelencia en lo que a títulos y gestión deportiva se refiere.

Con su talante desenfadado e informal, pero con la elegancia por bandera, Carletto asumió el reto de liderar a un Real Madrid que acumulaba doce años sin conquistar su título predilecto: la Champions League. En su presentación como técnico blanco, Ancelotti dejó unas palabras que, hoy en día, suenan a presagio: «Pienso que esta será una temporada de felicidad para el Real Madrid», aseguró con su sonrisa habitual. Dicho y hecho: en su primera campaña, el club conquistó su décima Copa de Europa dejando partidos para el recuerdo, como aquella exhibición en Múnich en la que endosó un cero a cuatro al Bayern de Pep Guardiola en la vuelta de semifinales o la inolvidable velada en Lisboa con el épico tanto de Sergio Ramos que derribó la resistencia del Atlético de Madrid en la gran final y que sirvió para desarbolar al conjunto de Simeone.

Pero aquella Champions no fue el único trofeo logrado en su primera campaña, ya que, apenas un mes antes, el Real Madrid vencía al Barcelona en Mestalla para alzarse con la Copa del Rey gracias a la icónica carrera de Gareth Bale que puso el dos a uno final en el marcador. Sin duda, un estreno acorde a la categoría de entrenador que había firmado Florentino Pérez unos meses antes, cuando el propio presidente del club formalizó una relación en la que el amor era cien por cien correspondido: «Desde hace años, Carlo tenía un sueño: entrenar al Real Madrid. Hace tiempo te comenté que un día serías mi entrenador y, por tanto, yo también he cumplido mi deseo», declaró el máximo mandatario en su presentación.

El legado de Carlo Ancelotti permanecerá para siempre en los libros de historia, con un currículum que acredita una carrera de un éxito sin precedentes. El italiano es uno de los técnicos más laureados del mundo, el único entrenador que ha logrado ganar la Champions League en más de tres ocasiones, y también posee el honor de haber conquistado las cinco grandes ligas europeas: Premier League, Serie A, LaLiga, Ligue 1 y Bundesliga. Su bagaje en el mundo del fútbol le ha llevado a garantizar resultados en todos los clubes que ha dirigido, dejando huella en cada uno de sus destinos gracias a una personalidad ejemplar y un historial casi impoluto como preparador en la élite mundial.

En el banquillo del Real Madrid ha superado en número de títulos con el conjunto blanco a otras leyendas, como Zidane, que fue protagonista de una de las etapas más doradas del club a nivel europeo, lo cual demuestra el inmaculado trabajo que ha realizado Ancelotti al frente del equipo. Su astucia y sus innumerables conocimientos futbolísticos le han llevado a las cotas más altas que un entrenador puede alcanzar, subiendo peldaño a peldaño hasta erigirse en una de las figuras más influyentes de los banquillos en la historia contemporánea del deporte rey.

Además, como técnico ha tenido el privilegio de dirigir a la inmensa mayoría de los mejores jugadores del mundo en las tres últimas décadas: Zidane, Pirlo, Cafú, Maldini, Nesta, Kaká, Shevchenko, Van der Sar, Del Piero, Cannavaro, Buffon, Ronaldo Nazário, Ibrahimović, Drogba, Čech, Lampard, Ronaldinho,

Kroos, Neuer, Casillas, Cristiano Ronaldo, Benzema, Kroos, Modrić, Sergio Ramos y un largo etcétera.

A tenor de todo esto, se plantean pocas dudas de que Carlo Ancelotti se ha ganado, por derecho propio, la vitola de ser una de las mayores leyendas del Real Madrid en los banquillos, con argumentos para competir de tú a tú con cualquier otro técnico que haya pisado el césped del Santiago Bernabéu.

José Villalonga

Su paso por el banquillo del Real Madrid le ha permitido a José Villalonga Llorente (Córdoba, 1919) convertirse en una figura importante del fútbol español. Gracias a su dirección, el equipo blanco se consolidó como uno de los conjuntos más dominantes de Europa. El andaluz comenzó su carrera como jugador de equipos amateurs, donde compaginaba su pasión con los estudios de Educación Física, pero fue como míster donde alcanzó un mayor reconocimiento. Forma parte, junto a Vicente del Bosque y Rinus Michels, del selecto club de entrenadores que ha sido capaz de ser campeón de Europa con clubes y selecciones. Además de ganar la Eurocopa de 1964 con España, el que llegó a ser también teniente coronel del Ejército dio los primeros títulos europeos a Real Madrid y Atlético.

Fue precisamente en el Ejército donde Villalonga desarrolló parte de la disciplina y táctica que después le haría triunfar en el conjunto merengue. Allí llegó en junio de 1954, en un movimiento sorprendente de la directiva, que le regaló el poder de uno de los mejores clubes del mundo. Recogió el testigo tras llevar unos meses trabajando dentro de la parcela técnica del club. Esa confianza comenzó a devolverla desde el primer curso, cuando logró conquistar el campeonato doméstico además de la Copa Latina, un éxito que hizo fuerte al equipo y que le armó para los triunfos futuros tanto a nivel nacional como internacional.

En la campaña 1955-1956 llegaría un momento clave tanto para el preparador como para el club, al alzar la Copa de Europa. Lo hizo tras derrocar en la final al potente Stade de Reims por un emocionante cuatro a tres favorable para los blancos que provocó que el conjunto español arrancara su reinado por Europa. Era el inicio, la primera edición de la ahora llamada Champions

League, la competición de la UEFA donde el Real Madrid ha cimentado gran parte de su historia.

Fueron dos años llenos de premios que culminaron con un tercero, en la campaña 1956-1957, donde coleccionó tres nuevos trofeos para la vitrina madridista: la liga, la Copa de Europa y la Copa Latina. Casi nada. Los escritos de la época recuerdan a un Villalonga clave casi más por su capacidad de manejar el vestuario, de controlar a las estrellas, que por sus capacidades tácticas y estratégicas dentro del campo, que también eran notorias. Su capacidad para liderar llegaba, probablemente ayudado por su paso por el Ejército, tras unir disciplina y motivación, y creando un ambiente donde sus futbolistas podían sacar lo mejor de sí mismos. La capacidad para dirigir y adaptar a sus hombres dentro del verde resultó muy positiva para un Real Madrid que siempre guardará un recuerdo imborrable de su figura.

Más allá de los títulos, el paso de Villalonga por el conjunto madridista sirvió para elevarlo a los altares del fútbol europeo, para crear las bases de un grupo que arrollaría por Europa. Los dos títulos de Champions, por entonces llamada Copa de Europa, consiguieron establecer un mínimo de exigencia altísimo para un club cuyo gran mérito es que ha logrado, con sus baches y malas rachas, mantener ese estándar hasta nuestros días. Villalonga, además, sirvió como referente de una gran camada de entrenadores que llegaron por detrás y que se fijaron en su libreto para poder tener carreras exitosas desde los banquillos.

Su salida del club merengue llegaría tras la campaña 1956-1957. De ahí emprendió un nuevo trayecto con España a través de la Real Federación Española de Fútbol. Allí fue responsable de la parcela física, además de dirigir el equipo juvenil. Más tarde, y tras un exitoso paso por el Atlético de Madrid, donde consiguió dos Copas y una Recopa, a Villalonga le llegaría el turno de ser seleccionador nacional en 1962. Con el combinado nacional lograría lo mismo que con los dos clubes de Madrid: triunfar internacionalmente, en esta ocasión llevándose la Eurocopa dos años después. Llegaría hasta el Mundial de Inglaterra, aunque España acabaría claudicando en primera fase. En total, completó veintidós choques con nueve victorias, cinco empates y ocho derrotas a los mandos de España. Pese a que ya no seguiría en los banquillos, Villalonga prolongó su trabajo en la federación realizando otras tareas antes de que, en 1973, falleciera por un inoportuno infarto. Chus Pereda, uno de los que mejor le conoce, explicaba así su figura en el *Marca*: «Ha sido el más grande, un fenómeno. Y, junto a Luis Aragonés, los dos mejores seleccionadores de la historia». Villalonga logró que el Real Madrid definiera su estatus de grandeza y estableció un nivel de excelencia que ya no se separaría nunca del club blanco. Fue, probablemente, la primera gran estrella que tuvo el Real Madrid en su banquillo.

Leo Beenhakker

Como otros ejemplos de grandes entrenadores, la historia de Leo Beenhakker sigue un patrón que alberga un componente causal. Una grave lesión en sus inicios como futbolista le llevó a replantearse su sueño, aunque únicamente cambió el prisma desde el que iba a vivir el deporte rey: el banquillo. Como en tantos y tantos casos, una adversidad en forma de percance físico fue el germen de un gran entrenador en ciernes que se convirtió en técnico de forma precoz, antes de llegar a la treintena. Su buen hacer como preparador en su país natal le llevó a ir escalando hasta llegar al Ajax, el club más laureado de los Países Bajos, que también gozaba de un gran prestigio internacional al haberse proclamado años antes de su llegada tres veces campeón de la Copa de Europa.

Antes de aterrizar en el Real Madrid, Beenhakker tuvo un reconocido paso por otro equipo español, el Real Zaragoza, donde ya dejó muestras de su filosofía futbolística. Los equipos del técnico neerlandés practicaban un estilo de juego muy ofensivo y vistoso, algo digno de agradecer para jugadores y espectadores, que sabían que presenciar uno de sus partidos era una garantía de goles y diversión. El hecho de dirigir conjuntos sin complejos, que salían a por la victoria en cualquier estadio y contexto, hizo que Beenhakker dejara huella allí por donde pasó. Tras un breve retorno a los Países Bajos para entrenar al Volendam, en 1986 llegó al Real Madrid para vivir una de las etapas más exitosas de su carrera.

Su llegada a la capital se presentaba como un reto al tener que reemplazar a toda una leyenda del club como Luis Molowny, que venía de lograr el campeonato de liga y dos Copas de la UEFA consecutivas hasta su salida del equipo blanco. Sin embargo, el legado de Beenhakker fue mucho más allá de los títulos, si bien también hubo lugar para ellos en un trienio muy prolífico para el Real Madrid. Lo cierto es que el neerlandés heredó un equipo, el de la Quinta del Buitre, que ya era toda una leyenda, pero en el que se encargó de dejar su huella para optimizarlo y seguir perpetuando su dominio en el ámbito doméstico, donde fue intratable durante un lustro repleto de trofeos y reconocimientos a todos los niveles.

La inmensa calidad de jugadores como Butragueño, Míchel o Martín Vázquez permitió a Beenhakker llevar a cabo una idea de juego fundamentada en el pase, dando rienda suelta a la creatividad y al enorme talento de los futbolistas de los que disponía. Aquella generación, una de las más brillantes que se recuerdan en el Santiago Bernabéu, alcanzó su máxima expresión y deslumbraba con una fluidez en el toque que partía de la naturalidad con la que jugaba la Quinta del Buitre.

El neerlandés dirigió al conjunto blanco en dos etapas distintas: de 1986 a 1989 y, posteriormente, un corto periplo en 1992. Sus primeros tres años en la Casa Blanca fueron sobresalientes, conquistando tres títulos de liga consecutivos, una Copa del Rey y dos Supercopas de España. Pero, al margen de los trofeos, el estilo de juego que Beenhakker implantó en el club situó al Real Madrid en la vanguardia futbolística, revolucionando una competición española en la que, por aquel entonces, dominaba un componente más físico. Hasta cierto punto, fue precursor de estilos más modernos, basados en el pase y en el control de la pelota, algo que ya había aplicado en su etapa en el Real Zaragoza. Como paradigma de su innegociable apuesta por el fútbol ofensivo, cabe reseñar las dos victorias que enlazó al comienzo de la temporada 1987-1988, cuando en la segunda y en la tercera jornada de liga encadenó sendos triunfos por siete a cero y uno a siete frente a Sporting de Gijón y Real Zaragoza respectivamente.

De esta forma, el equipo madridista vivió un ciclo de grandes éxitos en el ámbito nacional, aunque el gran debe de aquel conjunto llegó en la Copa de Europa, la competición fetiche para el club. Los tres años de Beenhakker al frente de la institución acabaron con el mismo resultado continental: cayendo en semifinales y quedándose a las puertas de disputar la gran final por el cetro europeo. Paradójicamente, su última campaña, la 1988-1989, tuvo dos caras muy diferenciadas. El equipo protagonizó un récord que permaneció vigente durante décadas al lograr la proeza de encadenar treinta y cuatro partidos sin conocer la derrota, dejando patente su fortaleza y el gran momento que vivía el club. Sin embargo, todo se desmoronó con la dolorosísima noche en la que el equipo dirigido por Beenhakker cayó por cinco a cero ante el Milan en la vuelta de las semifinales de la Copa de Europa, donde el cuadro de Arrigo Sacchi desarboló al Real Madrid y le volvió a dejar con la miel continental en los labios. Aquello fue más que una simple derrota y los acontecimientos se precipitaron hasta acabar con la salida del técnico neerlandés, que dimitió y volvió al Ajax para seguir acumulando títulos nacionales en su palmarés.

Su segunda etapa en el Real Madrid fue más efímera y duró solo unos meses, en 1992, cuando retomó las riendas del banquillo blanco en detrimento de Radomir Antic prometiendo «un fútbol más ofensivo», algo acorde a la filosofía que había seguido durante toda su carrera como técnico. Lo cierto es que ni Ramón Mendoza, presidente del Real Madrid por aquel entonces, ni la afición del Santiago Bernabéu comulgaban con el estilo de juego del entrenador serbio, a pesar de ser líderes en la clasificación liguera. Beenhakker, que ejercía como mánager del club desde unos meses antes, fue requerido por Mendoza para hacerse cargo del equipo, aunque los resultados no fueron los esperados y la temporada se cerró sin ningún título y con el infausto recuerdo de aquella liga perdida en la última jornada, tras caer tres a dos en el Heliodoro Rodríguez López, de Tenerife.

Sin embargo, el legado de Leo Beenhakker siempre será recordado por los madridistas. No en vano actualmente todavía figura entre los cinco entrenadores con más partidos en la historia del club, con casi doscientos encuentros dirigidos y solo por detrás de auténticas leyendas, como Miguel Muñoz, Carlo Ancelotti, Zinedine Zidane y Vicente del Bosque. Además, también se encuentra entre los diez técnicos con más títulos como madridista, con seis trofeos que consolidan una carrera envidiable en los banquillos. Tras abandonar el Real Madrid definitivamente, el neerlandés pasó por numerosos equipos de distintos países, como el suizo Grasshopper, el turco Istanbulspor y varios conjuntos en México y los Países Bajos, además de selecciones como Arabia Saudí, Trinidad y Tobago o Polonia. Todo un trotamundos del fútbol que fue diseminando sus enormes conocimientos a lo largo y ancho del planeta.

Vicente del Bosque

Vicente del Bosque siempre ha sido sinónimo de éxito, tanto en su etapa de futbolista como de entrenador. La clase que rezumaba en el centro del campo del conjunto blanco era proporcional a su posterior talante como técnico, el cual le llevó a alcanzar grandes cotas y lograr los títulos más importantes del mundo en el panorama futbolístico. El salmantino llegó desde el club de su tierra a las categorías inferiores del Real Madrid, donde, tras dos temporadas, ascendió al primer equipo para encadenar varias cesiones que le sirvieron para curtirse y regresar a la capital, momento en el que comenzó a ganarse un puesto en el once madridista.

En su periplo por la capital de España, Del Bosque exhibió toda su clase y se hizo con el mando de la medular gracias a su depurada técnica y su clase conduciendo y dando sentido al juego de su equipo. En total, acumuló once temporadas defendiendo la camiseta blanca, destacando en un centro del campo de enjundia y muy recordado por los madridistas: Pirri, Del Bosque, Velázquez y Netzer. Aquella etapa fue prolífica en lo que a títulos se refiere, fundamentalmente en el ámbito nacional, con nueve trofeos que engrosaron el palmarés de la entidad y ayudaron a forjarse un estatus superior al futbolista charro. En total fueron cinco campeonatos de liga y cuatro Copas del Rey que dejaron patente el dominio blanco en la década de los años setenta a nivel doméstico.

Con su característico bigote y su media melena, el espigado centrocampista protagonizó grandes partidos a lo largo de su trayectoria, como la inolvidable final de la Copa del Rey en la temporada 1973-1974, en la que el Real Madrid aplastó a su eterno rival, el FC Barcelona, venciéndole por cuatro a cero en

el Vicente Calderón. Aquella campaña fue la de su debut en la primera plantilla, donde cayó de pie y se hizo imprescindible para todos los técnicos que fueron pasando por la Casa Blanca a lo largo de los siguientes años.

Durante su trayectoria como futbolista, sin embargo, se le resistieron los títulos a nivel europeo, algo que sí logró revertir cuando se convirtió en entrenador del Real Madrid. Su llegada al banquillo blanco se produjo desde las categorías inferiores tras entrenar a varios equipos de La Fábrica y ser, además, director de la cantera. Del Bosque, siempre dispuesto a ayudar a su club como buen hombre de la casa, se puso a disposición y dirigió al primer equipo en dos periodos diferentes: en 1994, tras la destitución de Benito Floro, y en 1996, tras el cese de Jorge Valdano.

Más allá de estos dos ciclos puntuales ejerciendo labores de técnico interino, su consagración como dueño del banquillo del Real Madrid no llegó hasta finales del año 1999, cuando sucedió en el cargo a John Benjamin Toshack e inició una etapa muy exitosa al frente del club de Concha Espina. El primer título europeo no se hizo esperar, logrando en esa misma temporada la octava Copa de Europa de la historia blanca y la primera en su palmarés con un contundente tres a cero al Valencia en París, donde Morientes abrió la lata con un buen cabezazo, y McManaman, con su célebre volea, y Raúl, con su gran carrera y definición tras sentar a Cañizares, decantaron el partido del lado madridista.

Su estancia como técnico del Real Madrid se alargó cuatro años, durante los cuales logró otra Champions League, con el inolvidable gol de Zidane en Glasgow y las paradas de Casillas en los últimos minutos de encuentro, dos ligas, un Mundial de Clubes, una Supercopa de Europa y una Supercopa de España. Aquellos años sirvieron para vivir los albores de la archiconocida etapa de los galácticos tras la llegada de Florentino Pérez a la presidencia y las sucesivas incorporaciones de futbolistas de la talla de Figo, Ronaldo o el propio Zinedine Zidane.

Ya al margen del Real Madrid, Vicente del Bosque vivió otra época dorada como seleccionador nacional, firmando el periodo más exitoso de la historia del combinado español gracias a la consecución del primer Mundial, en Sudáfrica 2010, y la segunda Eurocopa consecutiva, en 2012, con una brillante actuación coral durante todo el torneo. Por todo ello, permanecerá siempre como uno de los entrenadores más laureados del fútbol español, que tiene en su haber los trofeos más preciados tanto a nivel de clubes como de selecciones.

PRESIDENTES

Florentino Pérez

La historia contemporánea del Real Madrid no se entiende sin mencionar la figura de Florentino Pérez. Durante sus dos etapas como presidente de la entidad, el máximo mandatario madridista revolucionó el club gracias a su visión empresarial y su apuesta por vestir de blanco a los mejores jugadores del mundo. Su fórmula, basada en aunar la excelencia económica y deportiva, se ha traducido en más de sesenta títulos sumando las secciones de fútbol y baloncesto.

Su llegada al palco del Santiago Bernabéu se produjo en el año 2000, tras proclamarse ganador en las elecciones a la presidencia del club, y sus primeros pasos al frente de la institución se tradujeron en una etapa inolvidable y conocida por todo el mundo: la era de los galácticos. Luis Figo, Zinedine Zidane, David Beckham y Ronaldo Nazário llegaron a la Casa Blanca para continuar situando al Real Madrid en la cúspide del fútbol mundial. No tuvo que esperar demasiado para celebrar su primer título europeo en el cargo gracias a la consecución de la Liga de Campeones de la temporada 2001-2002, con aquella mítica victoria en el estadio Hampden Park de Glasgow merced a la inigualable volea que Zidane colocó en la escuadra del Bayer Leverkusen tras el centro de Roberto Carlos. Además del golazo del *crack* francés, aquel encuentro vio nacer a una nueva estrella: Iker Casillas, que con sus paradas jugó un papel fundamental para comenzar una brillante carrera en el club de su vida.

La primera etapa de Florentino Pérez culminó con ocho títulos entre los equipos de fútbol y baloncesto, pero su éxito fue más allá de la parcela puramente deportiva. No en vano fue el artífice de la flamante Ciudad Real Madrid de Valdebebas, que se inauguró en 2006 tras dejar la extinta ciudad deportiva situada en el paseo

de la Castellana, y ya en aquella época comenzó a mejorar un estadio Santiago Bernabéu que, gracias a ese trabajo previo, en 2010 albergaría la final de la Champions League.

Tras sus primeros cuatro años al frente del club, y a tenor de su gran gestión y los logros cosechados, en 2004 fue reelegido como presidente, aunque no llegó a acabar su mandato y dimitió solo dos años después. Sin embargo, aquello solo fue un pequeño paréntesis en su brillante trayectoria en el Real Madrid.

En 2009 regresó para dar un golpe de efecto y volver a implementar un modelo reconocido en todo el mundo. Aquel verano siempre será recordado como uno de los más prolíficos que se han visto en el panorama futbolístico. Cristiano Ronaldo, que llegaba tras conquistar tres trofeos de Premier League consecutivos, una Champions League y un Balón de Oro con el Manchester United, se convirtió en el fichaje más caro de la historia hasta la fecha, poniendo la primera piedra de un nuevo Real Madrid que comenzaría un ciclo clave en la historia reciente. Pero no fue solo el astro portugués, sino que de la mano también llegaron otros *cracks*, como Kaká, Benzema o Xabi Alonso, situando de nuevo al conjunto blanco entre los principales favoritos a conquistar los grandes títulos nacionales y europeos.

No obstante, el ojo clínico de Florentino y su equipo para los fichajes no acaba ahí, puesto que más adelante llegarían otros jugadores que han desempeñado un rol clave en la última década y que han acabado siendo auténticas leyendas, como Toni Kroos o Luka Modrić. Para la historia quedarán las tres Champions League consecutivas, una gesta sin precedentes desde que el torneo cambió de formato en 1993, y las cuatro conseguidas en cinco años (2014, 2016, 2017 y 2018), dejando un legado legendario que será recordado para siempre por los madridistas.

Después de dos décadas como presidente, la figura de Florentino Pérez tiene su sitio guardado en los libros de historia de la entidad. Recientemente, en 2019, inició la remodelación del Santiago Bernabéu para convertirlo en un estadio de referencia a nivel mundial, con tecnología de última generación para favorecer su condición de espacio multidisciplinar en el que acoger eventos de toda índole, diversificando los ingresos económicos y aumentando el patrimonio del Real Madrid. Por si fuera poco, al margen de la gestión institucional, el futuro deportivo del Real Madrid parece más que garantizado gracias a la juventud que alberga en su plantilla, con Vinicius Júnior, Camavinga, Rodrygo, Valverde o el último galáctico en llegar a la casa blanca, Jude Bellingham, como estandartes del modelo deportivo implantado por Florentino Pérez, fichando a los mejores futbolistas jóvenes del panorama mundial para convertirlos en las grandes estrellas que seguirán haciendo grande al Real Madrid.

Ramón Mendoza

Sin lugar a dudas, su figura es irrepetible, propia de una época y de un fútbol donde eran habituales otros modos y otras maneras de liderar. Con sus virtudes y defectos, no se puede negar que, en muchas ocasiones, se extraña la espontaneidad y la capacidad de conectar con la gente que tenían dirigentes como Ramón Mendoza. Nacido en el barrio de Chamberí y marcado por una infancia muy difícil, su historia puede considerarse, sin temor a equivocarnos, la de un hombre que se hizo a sí mismo y logró cumplir su gran aspiración de dirigir al Real Madrid. Su madre falleció con dieciocho años, durante el parto, mientras que su padre apenas pudo dedicarle tiempo, pues trabajaba como empleado de un laboratorio farmacéutico e invertía todos sus esfuerzos en dar a su hijo un mejor porvenir. Todo ello, además, en un contexto tan complicado como fue el de la posguerra española. Esas difíciles circunstancias fueron las que también le permitieron desarrollar desde bien pronto una gran habilidad para los negocios, además de un don de gentes que le resultó fundamental para subir en la escalera social.

En el aspecto futbolístico, su destino también quedó marcado por una curiosa anécdota que tuvo lugar en 1939, cuando un joven Ramón Mendoza presenciaba como aficionado un partido del Atlético hasta que un balonazo durante un córner le rompió las gafas. Aquella desafortunada experiencia provocó que dejase de asistir a los partidos del conjunto rojiblanco, y con el tiempo se convirtió en aficionado del Real Madrid, equipo del que se enamoró.

Aunque cursó la carrera de Derecho, su trayectoria pronto tomó otros derroteros y acabó siendo de lo más variopinta. Puso en marcha un negocio en el sector textil, trabajó durante un año en el Banco Exterior de España, fundó su propia empresa de exportación y en 1965 se sumergió en el negocio de los intercambios comerciales con la Unión Soviética, país con el que España no mantenía relaciones diplomáticas por aquel entonces. Además, como gran apasionado de la hípica que era, poseía una de las cuadras más importantes del momento, lo cual le permitió tejer sus primeras relaciones para acercarse a la directiva del Real Madrid. Tras dos breves etapas como miembro de la junta, protagonizó su primer asalto a la presidencia del club blanco en las elecciones de 1981, en las que se terminó proclamando vencedor el reelegido Luis de Carlos. Por tanto, no sería hasta 1985 cuando llegaría la gran oportunidad para Mendoza, quien por fin saldría elegido presidente tras presentarse como el único candidato con las firmas necesarias.

De este modo dio comienzo un periplo que se extendió durante diez años y en el que el máximo dirigente fue reelegido hasta en tres ocasiones. Fue una época que dio para mucho y en la que hubo momentos de esplendor y también de turbulencias. Son muchos quienes coinciden en que lo mejor de su mandato tuvo lugar durante los primeros cinco años, ya que su llegada a la presidencia coincidió con la eclosión de la Quinta del Buitre. Precisamente, uno de los éxitos que hay que reconocer al entonces presidente del Real Madrid en este sentido fue que consiguiera retener a jugadores tan codiciados como Míchel y Butragueño, quienes fueron tentados por las mareantes ofertas económicas que acostumbraban a realizar en esa época los poderosos clubes de la Serie A. En el capítulo de fichajes, el mandatario también se apuntó dos tantos fundamentales nada más llegar con las contrataciones de Hugo Sánchez y Rafael Gordillo. Por tanto, se puede considerar que Mendoza tuvo una gran responsabilidad en la construcción de aquel equipo que dominó el fútbol español durante un lustro y al que solo se le resistió la ansiada séptima Copa de Europa.

Sin embargo, esta etapa de incuestionable éxito dio paso a

otra de inestabilidad con la llegada de la década de 1990. En ese momento, se daba por sentado que el Real Madrid debía mantener su hegemonía a nivel doméstico, algo que cambió con la irrupción del Barça de Johan Cruyff. Quizá no se había valorado lo suficiente el hecho de ganar cinco ligas consecutivas, a lo que se sumó la obsesión por ganar esa Copa de Europa que tanto se le resistió al entonces máximo dirigente madridista. Solo así se entiende que se comenzasen a tomar decisiones erráticas, sin negar tampoco una cierta dosis de mala fortuna. Daba la sensación de que todo lo que antes le salía bien al presidente se le comenzaba a torcer. Y, a medida que esto ocurría, el nerviosismo también se iba apoderando del club, con extraños vaivenes como la inesperada salida de Martín Vázquez al fútbol italiano o el también inesperado cese del técnico Radomir Antic en enero de 1992, pese a que el equipo marchaba líder del campeonato en aquel momento. A todo ello, por si fuera poco, le siguieron las dos famosas ligas que se escaparon en Tenerife durante la última jornada. El capítulo de fichajes también se comenzó a tornar en un fiasco tras otro, con la incorporación de futbolistas como Gica Hagi o Robert Prosinecki, quienes llegaron con la vitola de estrellas y no rindieron a la altura de las expectativas. Del mismo modo, tampoco se dio con la tecla en el banquillo con la contratación de Benito Floro, cuyos innovadores métodos no cuajaron en el vestuario.

En definitiva, fue un cúmulo de desaciertos que se vieron agravados por una situación económica e institucional cada vez más delicada. Tras salir reelegido en las elecciones de 1995, Mendoza acabó dimitiendo del cargo pocos meses después. A pesar de este final, no se debe infravalorar su gestión al ponerlo todo en una balanza. Y es que, al margen de lo estrictamente deportivo, tampoco conviene pasar por alto que fue él quien acometió la remodelación del Santiago Bernabéu que tuvo lugar entre 1992 y 1994, en la que se amplió la capacidad del estadio con veinte mil nuevas localidades. Del mismo modo, se suprimieron buena parte de las localidades de a pie para cumplir con la nueva normativa de seguridad implantada por la UEFA. Precisamente fue esta ampliación una de las razones que elevó considerablemente la deuda de la entidad, pues el coste final de las obras ascendió a cinco mil millones de pesetas, cantidad que tampoco se vio sufragada por ninguna ayuda institucional.

Durante su mandato, el Real Madrid ganó seis títulos de liga, dos Copas del Rey, una Copa de la UEFA, tres Supercopas y una Copa de la Liga. A ello hay que sumar además la octava Copa de Europa que levantó el equipo de baloncesto en 1995. Pero, más allá de una gestión que, como hemos visto, no fue ni mucho menos negativa, prevalece en la memoria del fútbol y del madridismo esa imagen y ese carisma tan particular que siempre desprendió Mendoza. Hoy en día costaría imaginar a un presidente como él, quien nunca rehuía el foco mediático ni tampoco la polémica.

Muy recordadas son en este sentido las sonadas broncas que acostumbraba a protagonizar con otros presidentes, como José Luis Núñez o Jesús Gil. Visto con la perspectiva del tiempo, aquello no se podía considerar tanto una inquina personal como sí algo más propio de cómo se vivía la rivalidad en aquel fútbol que todavía funcionaba sin filtros. De algún modo, todo era mucho más auténtico, y ese es precisamente el motivo por el que Ramón Mendoza es recordado con tanto cariño entre el madridismo. Fue un personaje para nada impostado que se hacía querer con sus virtudes y sus defectos, siempre con el cigarro en la boca y su habitual ironía para reírse de todo. Quizá al haberse forjado en unos orígenes tan complicados sabía relativizar ante el dramatismo que muchas veces se apodera del fútbol, y más en un club que siempre ha estado tan sometido a la presión y la exigencia.

Genio y figura hasta el final, queda también para la posteridad su discurso durante la comparecencia en la que anunció su salida del Real Madrid: «Comienza, por tanto, el funeral deportivo de *corpore insepulto* por el alma del que fue presidente del Real

Madrid, Ramón Mendoza, ahora ya incinerado y en lo sucesivo solamente el socio 772. Yo soy en este funeral el oficiante». Falleció el 4 de abril de 2001, a los 73 años, mientras se encontraba de vacaciones en Bahamas. En definitiva, gran presidente y mejor personaje.

Santiago Bernabéu

Es difícil escoger calificativos para una figura de tanta relevancia como fue la de don Santiago Bernabéu. Pero si hubiera que quedarse con una palabra sería la de «visionario». Y no solo hablamos de su gestión como presidente del Real Madrid, cuya trascendencia conocemos de sobra. Entre otros motivos porque eso ya nos lo recuerda el nombre del estadio que construyó. Sin embargo, el hombre, nacido en el municipio albaceteño de Almansa en 1895, fue mucho más que eso: tuvo la capacidad de ser un adelantado a su tiempo y comprender hacia dónde iba el fútbol en aquella época, a mediados del siglo XX. Pero, volviendo a lo que concierne al club blanco, lo cierto es que Bernabéu también lo fue todo. Desde jugador hasta dirigente, pasando por entrenador. Una trayectoria que puede resultar polifacética, pero que él explicaba de forma muy simple: «Jugué al fútbol en el Madrid porque no había otro. Fui directivo porque no había otro. Y fui presidente porque no había otro».

Con esa llaneza solía pronunciarse el histórico mandatario, hijo del abogado valenciano José Bernabéu Ibáñez y de la cubana Antonia de Yeste Núñez. Tras trasladarse a Madrid junto a toda su familia cuando tenía cinco años, fue en el colegio de los Agustinos de El Escorial donde comenzó a desarrollar su pasión por el fútbol, deporte que todavía estaba empezando a popularizarse y que también practicaban sus hermanos Antonio y Marcelo. De la mano de ellos también comenzó su vinculación al Real Madrid, por entonces llamado Madrid Foot-ball Club, donde ingresó con catorce años en la categoría juvenil hasta debutar con el primer equipo a los diecisiete. Aunque pasó por varias posiciones sobre el terreno de juego, incluida la de portero, donde más destacó fue como delantero. De acuerdo a quienes le vieron jugar,

pese a no tener una técnica excepcional, consiguió sobresalir gracias a su poderío y coraje. Y, como buen atacante, también tenía muchísimo gol. Así lo ratifican sus cifras, con sesenta y ocho tantos en ochenta y un partidos oficiales disputados, números por los que también es considerado como uno de los primeros grandes jugadores de la historia del club blanco.

No obstante, ningún idilio está exento de momentos delicados, y el de Santiago Bernabéu con el Real Madrid en su etapa como jugador tampoco. Y es que cabe señalar, como curiosidad, que en 1920 llegó a dejar temporalmente el equipo por una serie de circunstancias que nunca se han terminado de esclarecer. Lo más curioso de todo es que el conjunto en el que estuvo a punto de recalar fue el Athletic Club de Madrid, actual Atlético de Madrid. Aunque hay quien incluso asegura que llegó a disputar un partido con la camiseta rojiblanca, lo cierto es que su marcha al equipo vecino no se terminó de producir debido a que no lo permitió la normativa de la Federación Española, mientras que Bernabéu terminó regresando meses después. Un capítulo anecdótico al lado de lo que fue toda su trayectoria, pero que no deja de resultar de lo más llamativo.

Finalmente, tras doce temporadas en las filas del conjunto blanco, el cual también capitaneó, decidió retirarse en 1927 a causa de las lesiones, cuando tenía treinta y un años. Se apagaba el futbolista, pero prevalecía el hombre de club, quien en los años siguientes ejerció de delegado y ayudante de entrenador y ocupó varios cargos directivos. Siempre involucrado en todo tipo de tareas y achicando agua en los momentos difíciles, fue precisamente en una de esas situaciones tan delicadas para la entidad cuando tomó las riendas, en 1943. Por aquel entonces, el Real Madrid era un barco a la deriva que todavía arrastraba las consecuencias de la Guerra Civil y que permanecía a la sombra del Atlético Aviación. Tal y como él mismo reconocería años más tarde, Bernabéu asumió el cargo con la sensación de que le venía demasiado grande. Prácticamente fue lo único en lo que se equivocó, ya que sus decisiones y su visión a largo plazo ya no solo del club, sino también del fútbol como espectáculo de masas, no pudieron ser más certeras.

Porque si hay algo que no se le puede negar al dirigente es que era, ante todo, un hombre empecinado en llevar a cabo sus ideas. Del mismo modo que Galileo Galilei fue acusado de hereje por sostener que la tierra era redonda, a Bernabéu poco menos que le tomaron por loco al pretender construir un estadio en el paseo de la Castellana de más de cien mil espectadores (por aquel entonces, la mayor parte del público veía el fútbol de pie), además de una Ciudad Deportiva que sería la base para el desarrollo de la cantera. Todo ello, por si fuera poco, en un club que sufría una maltrecha economía y que tuvo que endeudarse para acometer semejantes proyectos. Lo que en aquel momento podía parecer un delirio terminó siendo la piedra angular sobre la que se cimentó la grandeza del Real Madrid. Y es que en 1947 quedó inaugurado el Nuevo Chamartín, que pasó a llamarse Estadio Santiago Bernabéu en 1955; esto último, curiosamente, a pesar de las discrepancias del propio presidente ante la decisión de la junta de socios. En cualquier caso, la construcción del nuevo estadio marcó un antes y un después al provocar que la masa de socios se triplicara y, a su vez, se disparase también la recaudación por la venta de entradas, algo que en el fútbol de aquella época era fundamental para la economía de los clubes. Evidentemente, si Bernabéu tuvo el acierto de tomar estas decisiones no fue por ser una especie de iluminado, sino que también tuvo la capacidad de rodearse de los mejores y dejarse aconsejar.

Lo mismo sucedió en el apartado deportivo: su perspicacia a la hora de incorporar jugadores de calidad también marcó la diferencia. Una vez saneada la economía de la entidad, el máximo mandatario madridista tuvo la capacidad de hacerse con varios de los grandes futbolistas de la época y construir un bloque que dominaría el fútbol español y europeo con mano de hierro. Hablamos, cómo no, del legendario equipo liderado por Alfredo Di Stéfano y secundado por otras grandes figuras, como Paco Gento, Ferenc Puskas o Raymond Kopa. Y es en este punto donde también conviene detenerse a explicar el nacimiento de esa competición tan ligada al Real Madrid desde su génesis y el papel fundamental que Bernabéu jugó al respecto. Como no puede ser de otro modo, esa es la Copa de Europa, torneo del que el dirigente madridista fue uno de sus grandes impulsores, después de ser ideado por el periódico francés *L'Équipe*. El proyecto no solo terminó cuajando con su puesta en marcha en 1956, sino que además el conjunto blanco fue dominador indiscutible durante los comienzos al proclamarse campeón de las cinco primeras ediciones. Fue así como comenzó un idilio entre club y competición que perdura hasta nuestros días, bajo el formato actual de la Champions League. Hay razones de peso para creer que, sin la figura de Santiago Bernabéu, todo esto habría sido muy diferente.

Pero los éxitos continentales son tan solo la guinda del extenso palmarés que cosechó la entidad de Chamartín durante los treinta y cinco años de mandato de su presidente más longevo, el cual se saldó con un total de seis Copas de Europa, dieciséis ligas, seis Copas del Rey, una Copa Intercontinental y dos Copas Latinas. A ello hay que sumarle además los numerosos éxitos que también consiguió la sección de baloncesto del club durante estos años, dirigida de manera magistral por Raimundo Saporta, quien acabaría convirtiéndose en la mano derecha del presidente. Evidentemente, con los títulos no alcanza para definir el extraordinario legado que dejó don Santiago en el Real Madrid, quien sentó las bases de un equipo universal y que sigue siendo uno de los mayores referentes de la marca España en el resto del mundo.

A pesar de este extraordinario legado, Bernabéu llevó una vida de lo más sencilla hasta sus últimos días y siempre se caracterizó por ser un hombre cercano para todos los estamentos del club, lo que dice bastante ya no solo de la figura del presidente, sino también de la persona que había detrás. Después de la detección de un cáncer y una serie de complicaciones hepáticas, terminó falleciendo el 2 de junio de 1978. Siempre al pie del cañón, mantuvo el cargo de presidente hasta el final. Incluso cuentan que hasta sus últimos días se estuvo lamentando de que no iba a estar vivo para contemplar la séptima Copa de Europa. Huelga decir que tenía argumentos de sobra para poder dejar el mundo tranquilo. Su espíritu inconformista forma también parte de ese inmenso legado que ayuda a entender lo que es el Real Madrid hoy en día.

Índice

PRESIDENTES